INTRODUCTION AU DROIT FISCAL GÉNÉRAL

BÉNIN - UEMOA - CEMAC

Nicaise MÉDÉ & Wehelmine AGUEMON

INTRODUCTION AU DROIT FISCAL GÉNÉRAL

BÉNIN - UEMOA - CEMAC

L'Harmattan
Sénégal

10 VDN, Sicap Amitié 3, Lotissement Cité Police, DAKAR
senharmattan@gmail.com / senlibrairie@gmail.com

ISBN : 978-2-336-55944-5
EAN : 9782336559445

Du même auteur

MEDE Nicaise (dir), *La prévention de la fraude fiscale au Bénin,* L'Harmattan-Sénégal, 2024

MEDE Nicaise, *Pages de doctrine (vol.1 & 2),* L'Harmattan-Sénégal, 2024

MEDE Nicaise (dir), *Impôts locaux et développement local,* L'Harmattan-Sénégal, 2022

MEDE Nicaise (dir), *Décentralisation et fiscalité locale,* L'Harmattan-Sénégal, 2022

MEDE Nicaise (dir), *Les finances publiques entre globalisation et dynamiques locales*, L'Harmattan-Sénégal, 2021

MEDE Nicaise (dir), *Les recettes publiques en débats,* L'Harmattan-Sénégal, 2020

MEDE Nicaise, *Les grandes décisions de la Cour constitutionnelle du Bénin,* L'Harmattan-Sénégal, 2020

MEDE Nicaise, *Bénin : constitutions et documents politiques,* L'Harmattan-Sénégal, 2020

MEDE Nicaise (dir), *Les nouveaux chantiers de finances publiques en Afrique : Mélanges en l'honneur de Michel BOUVIER,* L'Harmattan-Sénégal, 2018

MEDE Nicaise (dir), *Constitutions et documents financiers,* L'Harmattan-Sénégal, 2018

MEDE Nicaise (dir), *La LOLF dans tous ses états,* Centre de Production Universitaire, (Université d'Abomey-Calavi), 2016

MEDE Nicaise, *Finances publiques,* L'Harmattan-Sénégal, 2016

MEDE Nicaise (dir), *La réforme de l'État au Bénin : état de la réforme et perspectives,* Centre de Production Universitaire, (Université d'Abomey-Calavi), 2013

Sommaire

Sigles et abréviations

B.V.I.R.	:	Brigade de Vérification et d'Intervention Rapide.
B.E.F.	:	Brigade d'Enquêtes Fiscales
B.E.R.A.R.	:	Brigade des Enquêtes, du Renseignement et de l'Analyse-Risque
C.F.P.I.	:	Centre de la Formation Professionnelle des Impôts
C.G.I.	:	Code Général des Impôts
C.I.M.E.	:	Centre des Impôts des Moyennes Entreprises
C.I.P.E.	:	Centre des Impôts de Petites Entreprises
D.C.F.R.	:	Direction du Contrôle Fiscal et du Renseignement
D.D.I.	:	Direction Départementale des Impôts
D.I.	:	Direction de l'Informatique
D.G.A.I.	:	Directeur Général Adjoint des Impôts
D.G.E.	:	Direction des Grandes Entreprises
D.G.I.	:	Direction Générale des Impôts
D.G.R.	:	Direction de la Gestion des Ressources
D.G.T.C.P.	:	Direction Générale du Trésor et de la Comptabilité Publique
D.L.C.	:	Direction de la Législation et du Contentieux

D.P.S.E.	:	Direction de la Planification Stratégique et des Études
D.N.V.E.F.	:	Direction Nationale de Vérification et d'Enquêtes Fiscales
I.G.S.	:	Inspection Générale des Services
M.F.R.E.	:	Mission Fiscale des Régimes d'Exception
R.A.R.	:	Restes À Recouvrer
R.I.	:	Recette des Impôts
R.N.I.	:	Recette Nationale des Impôts
S.C :	:	Service du Contentieux
S.C.F.	:	Services de contrôle Fiscal
S.G.	:	Service de Gestion
S.L.C.I.	:	Service de la Législation et de la Coopération Internationale
S.P.	:	Service de la Planification
S.R.H.	:	Service des Ressources humaines
S.M.A.F.	:	Service du Matériel et des Affaires Financières
S.A.S.	:	Service des Archives et des Savoirs
U.P.F.	:	Unité de Politique Fiscale

Introduction

L'étude du droit fiscal est d'abord l'étude d'un ensemble de règles essentielles qui fondent l'impôt. C'est aussi un ensemble de techniques attachées à la gestion de l'impôt.

Le droit fiscal connaît un renouveau d'intérêt pour plusieurs raisons. La plus importe est la tendance à l'effacement des frontières, au désarmement douanier suite aux accords d'intégration régionale (CEDEAO, UEMOA), au libre échangisme intra-africain (Zone de Libre-échange continentale africaine, ZLECAf) et extra-africain (Accord de Partenariat Économique, etc.). La fiscalité intérieure sera, à terme, la principale source de recettes ordinaires du Trésor public.

Selon les statistiques disponibles, les recettes fiscales de l'État (hors droits de douane) ont connu une progression constante depuis une dizaine d'années.

« Au cours des six dernières années, les recettes fiscales intérieures ont doublé, passant de 514,56 milliards de FCFA à 1072,99 milliards de FCFA et équivalent à un taux d'accroissement de 108.5%. La croissance moyenne des recettes est de 16,1% sur la période sous revue. Cette

performance exceptionnelle consolide davantage la position de l'Administration fiscale ».

L'histogramme ci-après précise cette évolution d'année en année.

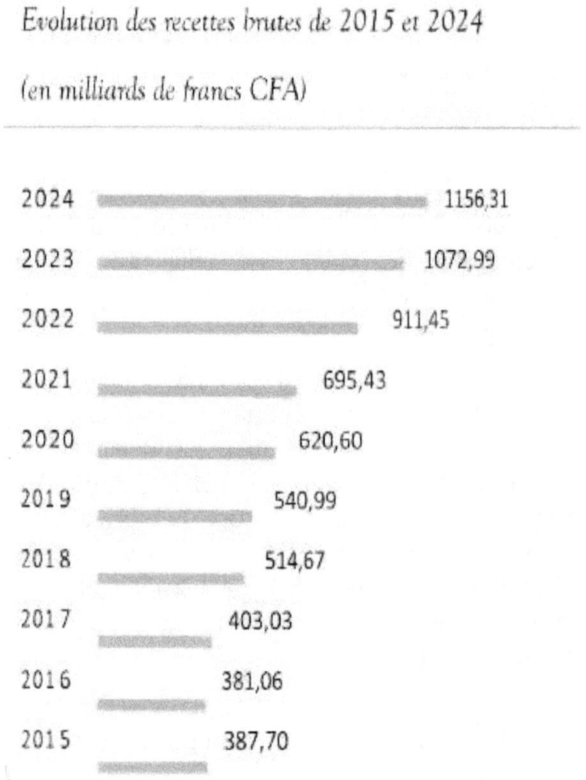

***Source* : DGI, Rapport d'activités 2024**

Cette évolution est salutaire pour les finances publiques nationales, dans la mesure elle met le pays à l'abri des chocs brutaux des cours mondiaux de matières premières comme le coton, l'huile de palme, les noix d'anacarde par exemple. La production intérieure et la consommation de biens et services marchands fournissent l'essentiel des recettes publiques. Le visage fiscal du Bénin se rapproche ainsi de celui des grands pays à économie développée.

Ceci étant, le Bénin doit faire face à certains grands défis contemporains.

L'harmonisation du droit fiscal régional

Le Bénin fait partie d'un espace d'intégration économique régionale qu'est l'Union économique et monétaire ouest-africaine (UEMOA). L'UEMOA a, dans le cadre d'une politique d'union douanière, créé un tarif extérieur commun qui s'applique aux produits non-originaires qui sont importés par les pays membres. En plus de la fiscalité de porte, l'UEMOA a progressé vers une harmonisation de la fiscalité intérieure. Chaque État membre a son propre Code général des impôts. Cependant, les impôts et taxes ont fait l'objet d'une vingtaine de directives communautaires[1] pour harmoniser principalement les taux de plusieurs impôts : Taxe sur la Valeur Ajoutée (TVA), Droits d'accises, impôts sur le bénéfice, impôts sur les valeurs mobilières.[2]

---

[1] 1 Règlement, 14 Directives, 4 Décisions.

[2] Directive n°01/2008/CM/UEMOA du 28 mars 2008 portant harmonisation des modalités de détermination du résultat imposable des personnes morales au sein de l'UEMOA ; Directive n°02/2009/CM/UEMOA du 22 décembre 1998, portant modification de la Directive n°02/98/CM/UEMOA du 22 décembre 1998 portant harmonisation des législations des États membres en matière de Taxe sur la Valeur Ajoutée (TVA) ; Directive n°02/2010/CM/UEMOA du 30 mars 2010, portant harmonisation de la fiscalité applicable aux valeurs mobilières dans les États membres de l'UEMOA ; Directive n°03/2009/CM/UEMOA du 27 mars 2009, portant modification de la Directive n°03/98/CM/UEMOA du 22 décembre 1998 portant harmonisation des législations des États membres en matière de droits

L'importance de l'économie informelle

Pour caractériser l'économie informelle, les économistes insistent sur la taille des unités économiques (Organisation pour la coopération et le développement économiques, OCDE), le Bureau international du travail (BIT) met l'accent sur l'absence de droits des travailleurs (Recommandation 204, BIT, 2015). Pour le droit fiscal, l'économie informelle est constituée d'unités économiques non enregistrées aux services fiscaux, qui ne payent pas d'impôts directs. En effet, le secteur informel paie les impôts indirects grâce à sa consommation de carburant ou d'énergie électrique par exemple. Mais elle n'est pas enrôlée au titre de l'impôt sur le bénéfice.

Selon les statistiques de la Banque mondiale, 36% du PIB de l'Afrique subsaharienne post-Covid-19 relève de l'économie informelle (www.worldbank.org/informal-economy, communiqué de presse n° : news release 2021/ 146/EFI). Ce taux monte à 40-50% au Benin, et 50-60% au Nigéria.

---

d'accises ; Directive n°03/98/CM/UEMOA du 22 décembre 1998 portant harmonisation des législations des États membres en matière de droits d'accises ; Directive n°05/2008/CM/UEMOA du 26 juin 2008 portant harmonisation du régime fiscal des provisions constituées par les banques et établissements financiers en application de la règlementation bancaire ; Directive n°06/2001/CM/UEMOA du 26 novembre 2001, modifiée par la Directive n°01/2007/CM/UEMOA du 6 avril 2007 portant harmonisation de la taxation des produits pétroliers au sein de l'Union ; Directive n°06/2002/CM/UEMOA du 19 septembre 2002 portant détermination de la liste commune des médicaments, produits pharmaceutiques, matériels et produits spécialisés pour les activités médicales exonérées de la TVA au sein de l'UEMOA ; Règlement n°08/2009/CM/UEMOA du 25 septembre 2009 portant adoption du statut du réseau routier communautaire de l'UEMOA et de ses modalités de gestion.

Pour le Trésor public, l'économie informelle est un gisement fiscal non exploité.

L'évasion fiscale

La fraude fiscale et l'optimisation fiscale des contribuables se rejoignent pour donner lieu à une évasion fiscale. Celle-ci prive le Trésor public de recettes publiques importantes. La différence entre le potentiel fiscal et les réalisations des receveurs des impôts peut montrer l'ampleur du reste à percevoir et sa persistance dans la durée.

En matière fiscale, la notion d'évasion a pour conséquence la réduction du montant des prélèvements obligatoires dus, selon les prévisions des lois de finances. L'**évasion fiscale** n'est ni légale ni illégale en elle-même. Elle le devient lorsqu'on examine les moyens utilisés pour réaliser l'évasion. Si les moyens sont illégaux, il y a **fraude fiscale** qu'on désigne aussi sous des vocables voisins : non déclaration d'activités (économie souterraine), indiscipline fiscale, incivisme fiscal, acte anormal de gestion, etc. En guise de synthèse, la fraude fiscale est « *toute action du contribuable qui implique une violation de la loi, dans le dessein délibéré d'échapper à l'impôt* » (OCDE). Si les moyens sont légaux, c'est-à-dire, lorsque le contribuable exploite à son profit les failles de la loi fiscale ou simplement en jouant sur les choix alternatifs offerts par la loi fiscale, on parle d'**optimisation fiscale** ou d'une des notions voisines : fuite fiscale, exil fiscal, délocalisation fiscale, gestion astucieuse d'une situation fiscale, habileté fiscale, *tax planning*, etc.

Sur un plan global, on sait que l'Afrique perd, bon an, mal an, l'équivalent de 22 milliards de dollars (environ 11.000 milliards de FCFA) en flux financiers illicites. Selon le Panel de Haut Niveau sur les Flux Financiers

Illicites (constitué de dix membres et présidé par l`ex président de l`Afrique du Sud Thabo MBEKI) établi par la Commission Économique pour l`Afrique (CEA) et l`Union Africaine (UA) :

> *« L'Afrique a perdu plus de 854 milliards de dollars à titre de flux financiers illicites entre 1970 et 2008, correspondant à une moyenne annuelle de presque 22 milliards. »*[3]

Les mots qui reviennent à l'esprit lorsqu´on évoque l'évasion fiscale sont : les prix de transfert, les paradis fiscaux, la numérisation de l'économie, etc. Autant de mots qui ont pour conséquence la soustraction d'assiette fiscale ou la réduction de la base imposable. Ce qui a pour conséquence de diminuer le rendement de l'impôt.

Au nombre de ces filières de réduction de la base imposable, il faut citer l'inversion fiscale. Celle-ci consiste, au moyen de rachat d'entreprise ou de fusion d'entreprises, à changer de résidence fiscale pour en choisir une nouvelle dans un État qui a une fiscalité plus intéressante.

> *« Même sans déménager au Luxembourg, en Irlande ou aux Bermudes, il est possible de conserver son activité à New York tout en devenant résident fiscal britannique ou irlandais, grâce au fameux mécanisme de l'inversion fiscale. Cela va passer par un mécanisme de fusion acquisition. Il suffit pour cela qu'au terme de la fusion au moins 20 % du capital d'une entreprise américaine soient détenus par des actionnaires se trouvant à l'étranger et qu'au moins 25 % du chiffre d'affaires (CA) y soient réalisés pour pouvoir déplacer son siège dans le pays concerné. Le poids de la fiscalité concernant l'impôt sur les bénéfices (IS) était tellement lourd aux USA avant la réforme mise en place par Donald Trump (39 %, l'un des plus forts taux au monde, contre 20 %*

---

[3] http://www.uneca.org/fr/contact/ecainfo/uneca/org (06/07/2024).

désormais) qu'il a justifié en lui-même pendant des années bon nombre de fusions et acquisitions. Ces dernières, pas forcément irrationnelles en termes de stratégies productives, étaient néanmoins avant tout motivées par l'expatriation fiscale qu'elles rendaient possible. Les exemples ont eu tendance à se multiplier très sensiblement au cours de la période récente. Entre 1983 et 2013, 50 firmes américaines toujours gérées depuis les USA ont profité d'une acquisition à des fins d'inversion fiscale, mais la moitié d'entre elles ont en fait franchi le pas entre 2011 et 2013. Les conséquences chiffrées de l'explosion de ces inversions fiscales sont édifiantes. Ainsi, l'exode massif de multinationales américaines vers l'Irlande, tout du moins pour y déclarer leur siège social, a entraîné un recalcul du taux de croissance irlandais pour 2015. Déjà spectaculaire avant cela (7,8 %), il a été révisé au niveau ahurissant de 26,3 % » O. THOMAS, Fiches de Problèmes économiques contemporains. *Rappels de cours et exercices corrigés, Paris, Ellipses, 2021, p.167.*

L'incivisme fiscal et le *fiscal compliance*

La notion de *fiscal compliance* n'a pas une traduction certaine en langue française. Elle est d'abord anglo-saxonne et appartient à cette catégorie de notions fonctionnelles, notions flexibles par essence, dont le contenu épouse la fonction. Au titre des fonctions de la *fiscal compliance*, nous allons en distinguer trois fondamentalement :

- **la légitimation juridico-politique de l'impôt** : c'est la plus visible des fonctions du *fiscal compliance*. Elle procède d'une longue tradition euro-américaine. Elle est aujourd'hui consacrée par les textes constitutionnels ouest-africains qui disposent que le parlement vote la loi et consent l'impôt, d'une part, et la compétence exclusive des représentants de la nation pour adopter la loi de finances de l'année. Cette légitimité est juridique, parce que de sa mise en œuvre découle le fondement juridique des opérations de perception de l'impôt.

- **la légitimation sociologique** : elle procède d'une internalisation sociologique et psychologique du fait fiscal. L'impôt est une nécessité certes, mais encore faudrait-il que les citoyens contribuables le perçoivent ainsi ; qu'ils adhèrent à l'idée que payer sa dette fiscale, c'est se rendre utile à la communauté et à soi-même.
- **la légitimation managériale** : celle-ci induit des exigences comme la qualité de la dépense publique, la transparence financière, la prévalence de l'intérêt général de la nation en toute circonstance. C'est parce que les citoyens seront convaincus de la performance globale des dépenses publiques qu'ils auront à cœur leurs impôts. Ce qui crée le cercle vertueux du paiement généreux de l'impôt et de l'orientation de la dépense publique vers les besoins d'intérêt général.

Structure du livre

Ce livre est, avant tout, un manuel d'enseignement à l'attention des universités ainsi que des lycées et collègues. Il contient la théorie générale de l'impôt et toutes les considérations générales sur le droit fiscal au Bénin. Ce manuel reste aussi intelligible pour tous les États de la famille de droit africain francophone, notamment ceux de l'Union économique et monétaire ouest-africaine (UEMOA) et la Communauté économique et monétaire de l'Afrique centrale (CEMAC). Il comporte des données d'histoire sur le fait fiscal en Afrique, avant la colonisation et sous la colonisation. L'expérience jadis acquise peut aider à comprendre ou dimensionner la fiscalité béninoise, voire africaine actuelle.

Les auteurs ont sciemment exclu des développements qui suivent, la partie la plus volatile du droit fiscal, car soumise aux variations annuelles des lois de finances et aux évolutions de la doctrine administrative.[4]

Quant à l'organisation de l'administration fiscale au Bénin, elle est traitée en dernière position.

Au total, les auteurs tiennent à affirmer que le présent manuel est, en tout point, une œuvre collective qui les engage tous dans sa globalité. Cependant, ils tiennent à assumer la responsabilité de leurs textes particuliers et des idées émises, notamment pour la cinquième Partie du Docteur Wehelmine AGUEMON et pour le premier jusqu'à la quatrième Parties imputables au Professeur Nicaise MEDE.

---

[4] Ces parties concernent la fiscalité des entreprises, la fiscalité des ménages et des individus, certaines fiscalités particulières ainsi que les techniques de contrôle fiscal assorties des sanctions encourues. Autant d'aspects qui sont retracés dans les ouvrages des conseils fiscaux comme le Dr. Sèdéhou Carlos Gilles HOUNDEFFO ou le Dr. Sèmiou LASSISSI, ou encore de certains experts comptables en situation d'expansion de compétence.

Première partie

L'historicité de l'impôt au Bénin

Parler de l'historicité de l'impôt au Bénin, c'est parler de l'existence du fait fiscal dans les royaumes précoloniaux établis sur le territoire actuel de la République du Bénin. Il s'agissait de prélèvements obligatoires faits au profit du monarque.

Le Bénin fait partie d'un ensemble plus large qu'on appelle la civilisation négro-africaine. Les grands traits de l'impôt dans cet espace géo-culturel ont été décrits par des auteurs comme Cheikh Anta DIOP, Joseph KI-ZERBO et bien d'autres.

Selon Cheikh Anta DIOP :

> *« Un système douanier strict était établi dès l'époque de Ghana ; il fut maintenu par les empereurs du Mali et du Songhaï ; les redevances étaient payables sur les importations et les exportations. »*[5]

[5] Ch. Anta DIOP, *L'Afrique noire précoloniale*, Paris, Présence africaine, 1987, p.101.

Pour ce qui concerne particulièrement l'empire du Ghana, les droits perçus étaient d'un *dinar* sur chaque âne chargé de sel qui était vendu dans l'empire et deux dinars sur chaque charge du même produit que l'on exportait. Pour une charge de cuivre, les droits à payer étaient de cinq *mitsqâls* et dix *mitsqâls* pour une charge de marchandise ordinaire.[6]

L'importance des droits de douane provenait de l'intensité des flux commerciaux dans la région de l'Afrique occidentale. En effet, selon les historiens :

> *« Entre le Ier et le IVème siècle de l'ère chrétienne, des marchandises romaines étaient importées dans cette région. Apparemment, après avoir remplacé les Carthaginois sur la côte tripolitaine dans la seconde moitié du IIème siècle avant l'ère chrétienne, les Romains, à leur tour, importèrent du Soudan de l'ivoire et des esclaves (...). Après le déclin de Rome, le commerce périclita mais connut un renouveau avec la restauration de l'empire byzantin après 533 et avant l'invasion du Fezzan par les Arabes. Ainsi, de récentes études archéologiques montrent clairement l'importance, aux temps préhistoriques, des relations commerciales à grande distance avec les populations du Sahara et de l'Afrique septentrionale (...). Ce commerce portait sur d'importants produits locaux : le fer et la pierre (pour les outils et les armes), le cuir, le sel, les céréales, le poisson séché, les tissus, la céramique, les bois travaillés, les noix de cola et les parures en pierre et en fer. »*[7]

---

[6] *Ibidem.*

[7] UNESCO, *Histoire générale de l'Afrique, volume II : Afrique ancienne*, Directeur du volume II, G. MOKHTAR, Paris, Présence Africaine, EDICEF, UNESCO (édition abrégée), 1987, pp. 445-446.

Chapitre I

L'impôt au Bénin avant la colonisation

Plusieurs royaumes et empires se partageaient le territoire de la République du Bénin, avant la conquête et surtout l'occupation coloniales à partir de 1994. Mais seulement deux sont passés à la postérité pour plusieurs raisons. Ce sont le royaume du Dahomey et l'empire de Nikki.

Dans ces deux entités, l'impôt était connu sous son double aspect : fiscalité intérieure et fiscalité de porte.

Section 1

La fiscalité de porte ou droits de douane

Il faut distinguer l'administration douanière et la typologie des droits de douane.

Paragraphe 1

L'administration douanière

La fonction douanière, celle de garder les frontières et de percevoir des droits à l´entrée et à la sortie de marchandises, est apparue, dans le royaume du Danhomè, sous les rois HOUEGBADJA, AGADJA et GUEZO. Les agents du roi étaient postés aux grands débarcadères de Ouidah, Godomey, Calavi et Cotonou. Ils montaient aussi la garde aux abords des localités, à côté des points de confluence des trafics de marchandises sur les rivages des lagunes. Ces postes de douane portaient le nom de DENOU, dont les plus significatifs étaient SOKOU-DENOU, HLAGBA-DENOU, CANA-DENOU, DAGNIHO-DENOU.

Parakou faisait partie du couloir des caravaniers, sur les routes reliant le pays Ashanti (Ghana) au régions haoussa du nord du Nigéria, dès les 14ème et 15ème siècle.

> Ceux qui venaient du nord du pays haoussa ou des dallols où ils achetaient le sel, traversaient le Niger à Gaya ou Illo. Les possibilités étaient : (…) Par l'itinéraire passant au sud du Borgou, on traversait le Niger dans la région de Bussa, en évitant les rapides et de là : Bussa-Wawa-Kaiama-Nikki, Ndali-Bori-Djougou, ou Bussa-Wawa-Kaiama-Nikki-Péréré-Tamarou-Wenu-Bori-Djougou (…) ou Bussa-Wawa-Kaiama-Nikki-Péréré-Parakou-Djougou (…) Le passage par Parakou et Djougou était le plus court pour se rendre à Sokodé » (Denise BREGAND, Commerce caravanier et relations sociales : les Wangara du Borgou, Paris L'Harmattan, 1999, p.53).

Sur ces commerçants-caravaniers qui transportaient de l'or, du sel, de la kola, etc., des prélèvements étaient faits sous l'autorité du *Sina Gbéré*, (*Gbéré* signifiant la douane) qui relevait lui-même de la cour du *Sinaboko*, empereur de Nikki. Après ces prélèvements, la caravane recevait de la part du *Sinaboko*, « *une étoffe, une lame métallique ou une écorce portant un signe* » en guise de sauf-conduit lui permettant de traverser, en toute quiétude, le territoire de l'empire de Nikki.

Paragraphe 2

Les différents types de droits de porte

- Dans le royaume du Dahomey, des *droits d'importation* étaient perçus sur les Européens pour tous les colis qu'ils débarquent dans le royaume.

> *« Les droits d'importation sont enregistrés par un décimère*[8] *qui surveille les débarquements des navires à la plage, avec beaucoup d'exactitude ; il règle avec les Européens chaque fois que le navire a achevé son débarquement »*[9]

---

[8] « *On désigne sous le nom de décimères les agents chargés de percevoir un droit du dixième sur la valeur des marchandises achetées* » (Article 8, Traité d'amitié et de commerce, conclu à Abomey le 1 er juillet 1851, entre la France et le roi de Dahomé). Plus généralement, les décimères sont un corps de douaniers, créé par le roi Glélé.

[9] E. FOA, *Le Dahomey*, Paris, A. Hennyer, Imprimeur-Editeur, 1895, p. 275.

Dans l'ancien royaume du Dahomey, les cabécères (mot dérivé du portugais cabocero qui signifie « **chef supérieur** ») étaient des hauts « **fonctionnaires** » au service du roi. Essentiellement en poste sur les frontières côtières. Les cabécères étaient en général des fils d'amazones ou de hauts dignitaires du royaume. Leurs mères n'étant pas des reines, ces fils de femmes proches du roi devenaient des pages ou des cabécères. Bien entendu, leurs origines étaient systématiquement tenues secrètes. Les cabécères supervisaient l'ensemble des échanges entre le royaume et l'extérieur.

- Il est perçu au profit de l'empereur de Nikki, des droits sur les marchandises que les caravaniers convoyaient à travers le royaume, depuis le pays Ashanti au Ghana vers le nord du Nigéria.

« Les prélèvements effectués sur les cargaisons étaient présentés au souverain qui décidait, en son âme et conscience, de la répartition et du mode d'utilisation qu'il convenait d'appliquer à cette manne. »[10]

- Le *droit sur les naufrages :* il ne s'agit pas de la perception d'une somme d'argent ou de la remise d'une partie de la cargaison d'un navire naufragé. Il est question ici de la réalisation d'un privilège du roi du Dahomey : quand un navire échoue sur la côte, tout lui appartient.

« En 1887, (le) le naufrage d'un navire italien le brick Baëtano P » eut lieu sur la côte de Godomé. *« Les Dahoméens se précipitèrent sur l'épave et sauvèrent tout ce que contenaient les cabines et les parties non encore submergées ; tout fut rangé scrupuleusement sur le sable (...) chaque débris fut ramassé, jusqu'au dernier cordage (...) ni l'équipage, ni la*

---

[10] Dj. DEBOUROU, *La société baatonnu du Nord-Bénin : son passé, son dynamisme, ses conflits et ses innovations*, Paris, L'Harmattan, 2012, p. 518.

maison de commerce, ne purent renter en possession de ce qui leur appartenait (...) Le roi envoya des milliers de porteurs au lieu du naufrage (...) tout, bâtiment et cargaison, fut transporté, pièces par pièces, à la capitale, et, quatre jours après le désastre, il ne restait pas une écoute, pas un clou du Baëtano P à la plage de Godomé »[11]

Section 2

La fiscalité intérieure

Dans le royaume du Dahomey, on pouvait dénombrer les impôts suivants :

- l'*octroi*, payé à l'entrée des villes et perçu en cauris ou en nature
- l'*impôt sur le travail*, est versé chaque jour ou tous les deux jours par les résidents eux-mêmes. Sa finalité est de « *donner à manger au roi* »[12] ; il consistait à donner une partie ou, parfois, la moitié de ce que l'individu gagne par son travail quel qu'il fut.
- les *impôts* sur les palabres, les habitations, etc.
- le *kuzu*, est un tribut en nature payé par la paysannerie libre exploitant le palmier à huile. La reconversion de l'économie du royaume du Dahomey, amorcée sous le roi Guézo (1818-1858), et effective seulement à la fin des années 1860, part de la traite négrière atlantique en déclin vers l'agro-exportation des produits du palmier à huile dont la demande européenne augmente très rapidement.

---

[11] E. FOE, *Le Dahomey, op. cit.* p. 277.

[12] E. FOE, *Le Dahomey, op. cit.* p. 274.

La filière palmier à huile était caractérisée par un monopole royal sur les exportations.

- le *droit de passage sur les lagunes et chemins*. Il consistait en la perception d'une bouteille de *tafia* (alcool tiré des mélasses de canne à sucre) et d´une somme en cauris.

> *« Les Européens (...) peuvent (...) entrer librement au Dahomey, à Godomey, à Abomey-Calavi, à Whydah ; il est interdit aux (Européens) d'aller à la capitale sans invitation du roi ou sans son consentement (...) Mais s'ils sont libres d'entrer dans les localités du littoral, il n'en est pas de même de la sortie. Ils ne peuvent quitter la ville où ils sont que si le yovogan et les agorigans le jugent à propos ; ils sont contraints de remplir la formalité (...) de demander la permission (...) Ils envoient en même temps le montant de l'impôt appelé 'les chemins' et reçoivent en échange (...) le bâton de la gore, porté par un moço, qui les accompagne jusqu'à la sortie de la ville. »*[13]

- le *amlonkue* (argent du sommeil) que payaient les sujets du roi et dont le taux, sous le roi Béhanzin (1890-1894), s'élevait à « *4.000 cauris par personne* »[14] et par an.

Dans l'Afrique en général, Cheikh Anta DIOP définit l'impôt comme un « *prélèvement rituel sur les biens des sujets.* »[15] Les notions d'intérêt général ou de charges communes sont absentes de l'esprit et de la finalité de l'impôt. L'impôt est tout simplement la part du patrimoine privé qui est versée ou remise au monarque.

---

[13] E. FOE, *Le Dahomey, op. cit.* p. 275.

[14] M. AHANHANZO-GLELE, *Le Danxomè, du pouvoir adja à la nation fon,* Paris, Nubia, 1974, p. 153.

[15] Ch. Anta DIOP, *op. cit.*, p. 101.

Section 3

Le paiement de l'impôt

Dans le grand espace de l'Afrique occidentale, Cheikh Anta DIOP écrit que l'impôt était « *réglé en nature, puis en monnaie d'or au Songhaï et au Mali.* »[16]

L'impôt pouvait être acquitté selon plusieurs modalités :

- d'abord **en nature** :

Le contribuable pouvait fournir en guise de paiement de l'impôt des produits locaux (huile de palme, produits vivriers, alcool, etc.) mais aussi des produits de fabrication étrangère : les tissus[17], les fusils, les produits manufacturés de toute nature. En sens inverse, le roi du Dahomey peut aussi payer les amendes auxquelles il est contraint par les puissances étrangères, en produits locaux.

« En 1877, le vice-consul d'Angleterre, Monsieur Turnbull, est molesté par les agents du roi du Dahomé. Le commodore Hutte de la division navale britannique ordonna le blocus maritime de Cotonou et le paiement d'une amende de 300

---

[16] Ch. Anta DIOP, *op. cit.*, p. 101.

[17] Le négociant brésilien Jacintho da COSTA SANTOS, agent de la maison Swanzy, fournissait une quantité de tissu au Vi-Daho KONDO, future roi Béhanzin (R. CORNEVIN, *La République populaire du Bénin, Des origines dahoméennes à nos jours*, Paris, Maisonneuve & Larose/Académie des sciences d'Outre-Mer, 1981, p. 290.

ponchons d'huile de palme. En fin de compte, 200 ponchons sont payés au commodore et le blocus fut levé »[18]

- en **monnaies locales** :

Il y avait les cauris et les coquillages, connus au sud du Bénin mais aussi très utilisés dans les zones de grand transit commercial international au nord (du pays *Ashanti* vers Kano au nord-est, actuellement au Nigéria) comme Djougou, Parakou. Enfin, il y avait les *manilles* (objets en cuivre) dont le pouvoir d'achat a varié dans le temps : un esclave du *Danhomè* se vendait à 6 *manilles* en 1506 et 57 *manilles* en 1517.[19]

- en **monnaies étrangères** :

« Les grands marchés des voies de communication comme Djougou connaissaient (…) pour les transactions supérieures, le thaler de Marie Thérèse. »[20]

La *thaler* de Marie-Thérèse d'Autriche est une pièce de monnaie autrichienne sans valeur faciale, utilisée dans le commerce international depuis sa première frappe en 1741. Les *thalers* de Marie-Thérèse d'Autriche s'échangeaient, au XVIIIème siècle, contre les monnaies européennes (*piastres* espagnoles et françaises, *crusado* portugais) sur

---

[18] R. CORNEVIN, *La République populaire du Bénin, Des origines dahoméennes à nos jours*, Paris, Maisonneuve & Larose/Académie des sciences d'Outre-Mer, 1981, p. 292.

[19] E. M'BOKOLO, *Afrique Noire. Histoire et civilisations*, T.1, Paris, Hatier, 1995, p. 212.

[20] R. CORNEVIN, *La République populaire du Bénin, Des origines dahoméennes à nos jours, op. cit.* p. 234.

la base de parité connues de tous, par exemple 1 *thaler* pour 4 *cruzados*.[21]

[21] E. M'BOKOLO, *Afrique Noire. Histoire et civilisations*, *op. cit.*, p. 246.

Chapitre II

L'impôt pendant la période coloniale au Bénin

La colonisation européenne a présenté, depuis le XVème siècle, deux visages essentiels : d'un côté les tenants de la *colonisation-destruction* qui signifie l'extermination massive des autochtones par les colons espagnols au Mexique, des Horéros de Namibie par les Allemands (1904-1908), des aborigènes de l'Australie et de la Tasmanie par les colons principalement anglais, des Amérindiens se trouvant sur le chemin des colons américains à la conquête de la côte ouest du pays, et dans une certaine mesure, la pacification sanglante de l'Algérie par l'armée française à partir de 1840.[22] D'un autre côté, il y a les partisans de la

---

[22] O. Le COUR GRANDMAISON, De l'extermination' à la 'mise en valeur des colonies : le triomphe de l'exception française (1885-1931) *in* A. LORIN, Chr. TARAUD (Dir), *Nouvelle histoire des colonisations européennes, 19ème-20ème siècles. Société culture, politique*, Paris, Presses Universitaires de France, 2013, p. 155.

colonisation-civilisation qui, selon Gaston JEZE, proscrit « toute guerre d'extermination des tribus sauvages, toutes cruautés inutiles et toutes tortures. »[23] C'est aussi l'approche retenue et défendue par les 14 pays participants à la Conférence de Berlin de 1885. L'article 6 de l'Acte général de la Conférence énonce que les États signataires « s'engagent à veiller à la conservation des populations indigènes et à l'amélioration de leurs conditions morales et matérielles d'existence et à concourir à la suppression de l'esclavage et surtout la traite des noirs ; elles protégeront et favoriseront (...) toutes les institutions et entreprises (...) créées et organisées à ces fins ou tendant à instruire les indigènes et à leur faire comprendre et apprécier les avantages de la civilisation. »

Dans un cas comme dans l'autre, que ce soit la *colonisation-destruction* ou la *colonisation-civilisation*, il y a l'ambition de la *mise en valeur* des colonies, en faisant table rase des premiers occupants de la terre dans le premier cas, et dans le second cas, en faisant des autochtones des « *producteurs de richesses coloniales et*

---

[23] G. JEZE, *Étude théorique et pratique sur l'occupation comme mode d'acquérir les territoires en droit international public*, Paris, Brière, 1896, p. 322. Albert SARRAUT, ancien gouverneur colonial de l'Indochine, ancien ministre des colonies en France, parle d'« *une œuvre de solidarité humaine*", solidarité envers « *notre parent, le frère de couleur* ! » (cité par Olivier Le COUR GRANDMAISON, "De 'l'extermination' à la 'mise en valeur des colonies' : le triomphe de l'exception française (1885-1931) », *in* A. LORIN et Ch. TARAUD (Dir.) *Nouvelle histoire des colonisations européennes, 19ème-20ème siècles, sociétés, cultures, politiques, op. cit.* pp. 162-163).

des consommateurs potentiels de produits métropolitains. »[24]

En tout état de cause, la question fiscale était au cœur du projet colonial.

Section 1

Les politiques fiscales de la puissance coloniale française

Il est utile, à ce stade, de mettre en évidence l'approche préconisée par les grands auteurs d'économie et de finances publiques. Ensuite, on présentera les orientations de politique fiscale des pouvoirs publics français.

Paragraphe 1

Les politiques fiscales vues par la doctrine

Sur le plan de la doctrine, l'économiste Paul LEROY-BEAULIEU a donné quelques grandes idées pour servir l'action des gouvernements de France en matière de mise en valeur des colonies. Sur un plan général, écrit Paul LEROY-BEAULIEU, « *de toutes les branches de l'administration coloniale, la plus ardue, peut-être, est*

---

[24] O. Le COUR GRANDMAISON, "De 'l'extermination' à la 'mise en valeur des colonies' : le triomphe de l'exception française (1885-1931) in A. LORIN, Chr. TARAUD, *Nouvelle histoire des colonisations européennes, 19ème-20ème siècles. Société culture, politique*, Paris, Presses Universitaires de France, 2013, p. 156.

celle qui concerne l'assiette et la levée des impôts. »[25] L'auteur constate ensuite et écrit que « dans notre vieille Europe, nous sommes enchaînés souvent par des habitues séculaires à des impôts mauvais et vexatoires en eux-mêmes, mais qui sont assez passés dans nos mœurs pour qu'il soit dangereux de les remplacer par d'autres. » Il poursuit :

> *« Une colonie, au contraire, est une table rase, où l'innovation est facile parce que tout y est innovation, et il serait insensé de transporter dans ces contrées nouvelles (...) des taxes qui existent dans l'ancien monde, parce qu'elles y ont depuis longtemps existé, mais qui sont reconnus comme mauvaises et pernicieuses. »*[26]

Paul LEROY-BEAULIEU suggère la bonne stratégie pour la mise en valeur des colonies, sur le plan financier :

> *« Nous avons déjà dit, écrit-il, que la mère patrie doit, dans tous les cas faire l'avance des frais de premier établissement (...) Le développement de son commerce et de son industrie compensera au bout de peu de temps et bien au-delà les sacrifices qu'elle aura dû faire (...). Les colonies, elles-mêmes, au bout de peu d'années, doivent suffire à leur administration interne. »* [27]

Paul LEROY-BEAULIEU conclut que :

> *« Les deux meilleures impositions coloniales, celles qui grèvent le moins les colons et nuisent le moins au développement de la culture, celles aussi qui sont de la perception la plus facile et la moins coûteuse, consistent*

---

[25] P. LEROY-BEAULIEU, *De la colonisation chez les peuples modernes*, Paris, Guillaumin et Cie, Libraires, 2ème édition, 1882, p. 619.

[26] *Idem*, p. 625.

[27] *Idem*, p.619.

dans les droits à l'importation des marchandises, l'octroi de mer (...) et la vente des terres. »[28]

L'octroi de mer est une imposition spécifique des départements d'Outre-mer dont l'origine est très ancienne puisqu'il était perçu dès 1670 dans la colonie de Martinique. Dans les régions de Guadeloupe, de Guyane, de Martinique, de Mayotte et de La Réunion, une taxe dénommée « octroi de mer » est applicable. Les opérations soumises à l'octroi de mer sont les suivantes :

(i) les importations de biens ;

(ii) les livraisons de biens, faites à titre onéreux, par des personnes qui y exercent des activités de production (les « assujettis »).

Paragraphe 2

Les politiques fiscales des gouvernements français

La nécessité de l'impôt est réaffirmée par quelques circulaires du ministère français des colonies : l'impôt est « *l'application normale du droit absolu que nous avons d'obliger les populations (...), auxquelles nous apportons la paix et la sécurité, à contribuer dans la mesure de leurs moyens aux dépenses d'utilité générale* »[29] En outre, l'impôt est censé produire une mutation sociale qui amène les populations locales à s'insérer dans l'économie

[28] *Idem*, p. 619.

[29] M.C. à Grodet, mai 1901, Conc., XIV-B (2), cité par C. COQUERY-VIDROVITCH, *Le Congo au temps des grandes compagnies concessionnaires 1898-1930. Tome 1*, Éditions de l'École des hautes études en sciences sociales, 2001, p.117.

moderne. Pour le gouvernement français, l'impôt conduit « *l'indigène à produire et à utiliser les richesses du sol* » *en lui imposant « des habitudes de travail régulières faute desquelles la mise en valeur des territoires concédés ne saurait se produire* ».[30]

Sur un plan opérationnel, la mise en œuvre de la politique fiscale dans les colonies françaises a suivi plusieurs étapes. Le Sénégal, première colonie française d'Afrique occidentale, a servi de terre d'expérimentation avant l'extension du système fiscal colonial à l'Afrique occidentale française et à la colonie du Dahomey.

I. La colonie du Sénégal

La colonisation française au Sénégal (Gorée et Saint-Louis) au 17ème siècle (1659) a placé le pays sous le régime de l'assimilation pure et simple. La colonie ne jouissait pas d'autonomie en matière financière et les impôts étaient perçus au nom du roi de France. Ce régime, avec les intermèdes de rivalités franco-anglaises sur le territoire (1758 à 1814), s'acheva à la fin du 1er Empire en France (1814) et à l'avènement de la Restauration de la dynastie des Bourbons. L'impôt n'était plus levé au nom du roi de France et le gouvernement à Paris ne prenait en charge que les dépenses de souveraineté de la colonie su Sénégal, en l'occurrence la guerre et la marine.

---

[30] Circulaire du C.G. Gentil, 10 oct. 1903, Conc., XXV-D (1), cité par C. COQUERY-VIDROVITCH, *Le Congo au temps des grandes compagnies concessionnaires 1898-1930. Tome 1*, Éditions de l'École des hautes études en sciences sociales, 2001, p.117.

Le principe de consentement de l'impôt (par les colons) fut étendu aux colonies des Caraïbes (lois du 24 avril 1833 et du 25 juin 1841) mais pas à la colonie du Sénégal. Celle-ci n'avait ni de représentants au parlement de France ni d'élus locaux (Conseil général) siégeant aux côtés du gouverneur de la colonie. Les impôts et taxes étaient créés sans délibérations préalables d'un quelconque conseil représentatif des populations colonisées. La colonie fut exclusivement gérée, jusqu'en 1879, par l'administration publique. L'autorité du gouverneur du territoire du Sénégal (Gorée, Dakar, Rufisque, Saint-Louis, Bakel) fut progressivement étendue, à partir de 1881, aux autres territoires de l'Afrique occidentale française pour donner naissance, dès 1889, à l'embryon de l'Afrique occidentale française.

II. L'Afrique occidentale française (AOF)

L'Afrique occidentale française s'est transformée progressivement en fédération de l'Afrique occidentale française au fur et à mesure des conquêtes coloniales françaises. Sur le plan financier, l'évolution s'est faite vers une rationalisation croissante des choix de politique budgétaire.

1. La constitution progressive du droit financier colonial en Afrique occidentale française

En Afrique occidentale, la dernière guerre de conquête est terminée en 1898 par la victoire du général Henry GOURAUD sur l'Almamy SAMORY TOURE. La Guinée devenait ainsi un territoire colonial français après la Soudan français (1894), le Dahomey (1894), le Niger (1893, avec la défaite d'AHMADOU), et la Côte d'Ivoire (1893).

Tous ces territoires coloniaux jouissaient d'une autonomie financière au sens où ils établissaient leurs budgets et en assuraient l'exécution. Mais en l'absence de conseils généraux élus, il appartenait aux gouverneurs et à leurs conseils d'administration d'assurer la gestion financière des colonies. Très tôt, des mésententes apparurent entre les colonies sur les questions fiscales. Le Soudan français (actuel Mali) accusait le Sénégal de percevoir indûment des droits de douane sur des produits mis en consommation sur le territoire soudanais et qui devaient logiquement lui revenir comme recettes publiques.

Pour favoriser la concertation et réduire les frictions entre colonies, une coordination régionale des colonies est imaginée. Elle prend la forme d'un gouvernorat général qui fait du gouverneur de la colonie du Sénégal, le nouveau gouverneur général des territoires coloniaux de l'Afrique occidentale française.

Les territoires coloniaux continuent de bénéficier de l'autonomie financière et administrative. Ils doivent, cependant, inscrire dans leurs budgets respectifs, des crédits destinés à couvrir les dépenses de « *contrôle des directions générales, des services communs d'intérêt général* » (Décret d'octobre 1902, relatif au contrôle des directions générales et des services communs d'intérêt général dans les colonies françaises) relevant du gouverneur général installé à Dakar. Deux années après, le Décret du 18 octobre 1904 renforce les pouvoirs du gouverneur général en dotant l'Afrique occidentale française d'un régime financier avec un budget propre. Le gouverneur général ne dépendait plus des recettes que les colonies devaient lui reverser. Il avait ses ressources propres inscrites dans un budget arrêté en conseil de gouvernement de Dakar et approuvé par décret du ministre des colonies. Ce budget propre du gouverneur général de l'Afrique occidentale française était alimenté en recette par les droits de douane à l'entrée et à la sortie du territoire de la fédération de l'AOF, des contributions des colonies et des subventions de l'État. En contrepartie, ce budget fédéral devait prendre en charge les dépenses des services généraux et les travaux publics d'intérêt général au sein de la fédération. Ce schéma budgétaire a permis la réalisation de grands travaux d'infrastructures trans-territoriales comme les chemins de fer Dakar-Bamako et Abidjan-Bobo-Dioulasso. Désormais, les frontières de l'AOF sont délimitées et son autonomie financière proclamée. Une distinction est établie entre les budgets de la métropole, de la fédération d'AOF et de chaque colonie.

2. La loi de finances de 1900, article 33

Deux grands courants de pensée se partageaient sur la question coloniale, s'agissant de la prise en charge du coût financier de la colonisation. La première tendance est celle de l'universalisme qui voulait faire des territoires coloniaux, des prolongements du territoire français. Ces colonies seraient des appendices financièrement et administrativement rattachés à la métropole. En conséquence, ces territoires coloniaux seraient gérés comme des parties intégrantes de la France sans contrepartie immédiate pour la métropole. Dans cette hypothèse, le contribuable métropolitain aurait été obligé de payer pour lui-même et pour les colonisés jusqu'à ce que les colonies soient parvenues à une forme d'autosuffisance, voire à la réalisation d'un excédent pour alimenter les caisses de la métropole.

« Nous avons déjà dit que la mère patrie doit dans tous les cas faire l'avance des frais de premier établissement et qu'elle doit renoncer en général à rentrer d'une manière directe dans ces avances. Le développement de son commerce et de son industrie compensera au bout de peu de temps et bien au-delà les sacrifices qu'elle aura dû faire, mais il est excessivement rare que devenue adulte, la colonie l'en indemnise en fournissant un revenu au Trésor métropolitain » (P. LEROY-BEAULIEU, De la colonisation chez les peuples modernes, 2ème édition, Paris, Guillaumin et Cie, Libraires, 1882, p.619).

La seconde tendance est celle qui s'oppose à toute assimilation. Elle prône une gestion autonome des territoires coloniaux de façon à mieux mesurer l'équilibre des comptes publics locaux et à tendre vers l'autonomie sans apports financiers de la métropole. Les crédits affectés aux dépenses de colonisations connaissaient une croissante continue et il convenait d'arrêter cette évolution et même d'inverser la tendance. De 1887 à 1894, la progression des dépenses liées à la colonisation a été de l'ordre de 12% par an. Ce taux passe à 9% entre 1898 et 1899.[31]

La loi de finances de 1900 conforte ce dernier courant de pensée et prend une position de principe en son article 33 : « *Toutes les dépenses civiles et de la gendarmerie sont supportées en principe par les budgets des colonies.* » Cette disposition peut être considérée comme une première concrétisation de la mission originelle du

---

[31] M. A. GOEH-AKUE, "Finances publiques et politique d'équipement des territoires d'Afrique noire sous influence française (du début du 19ème siècle à la veille de la seconde guerre mondiale)", *in* C. COQUERY-VIDROVTCH, *Histoire africaine du 20ème siècle, société, villes-cultures*, Paris, L'Harmattan, 1993, p.182.

groupe de travail mis en place par décret en 1896 et dont la lettre de mission évoquait l'impératif « *d'amener par des économies ou un meilleur emploi des ressources locales, à la réduction des subventions de la métropole.* »[32]

3. Le décret du 30 décembre 1912

Le nouveau décret peut être considéré comme le texte de référence en matière de régime financier des colonies jusqu'aux années de l'indépendance. Les idées-forces qui découlent de ce décret sont :

- trois types de budget existaient en Afrique occidentale française : un **budget général** qui est le budget du gouvernement général de l'Afrique occidentale française siégeant à Dakar, le **budget local** qui regroupe les recettes et les dépenses d'intérêt local propre à chaque territoire colonial doté de la personnalité civile et les **budgets annexes** rattachés pour ordre au budget général ou au budget local de la colonie concernée et qui regroupe « *les recettes et les dépenses concernant spécialement certains territoires dépendant d'une colonie, de même que les recettes et les dépenses concernant spécialement l'exploitation de grands services publics (chemins de fer, ports, etc.)* » (Article 63-3 Décret du 30 décembre 1912);
- le renforcement des pouvoirs financiers des gouverneurs territoriaux et du gouverneur général de Dakar. Ils élaborent et mettent en œuvre les budgets des colonies et le budget de la fédération de l'AOF. Ils sont ordonnateurs principaux desdits budgets. Les conseils

---

[32] E. BOUCHIE de BELLE, *Le régime financier des colonies et la loi du 13 avril 1900*, Thèse droit, Paris, 1903, p.26.

généraux, là où il y en a, n'ont pas une compétence absolue de consentement de l'impôt ;

- la recherche de l'équilibre des budgets locaux par une recherche constante de solutions locales aux besoins locaux de financement ;
- le recours aux ressources des fonds de réserve et de prévoyance pour financer les dépenses d'équipement dont les montant n'obligeait pas à recourir à l'emprunt. Traditionnellement, les fonds de réserve servaient à financer les dépenses imprévues dans le budget local de la colonie ;
- L'État se désengageant des dépenses de fonctionnement mais aussi de mise en valeur, les colonies sont plus largement autorisées à recourir à l'emprunt pour le financement de leurs équipements et infrastructures ;

Dans cette dynamique générale de l'autonomie financière des colonies, l'architecture générale des impôts et taxes devient une tâche importante pour les administrations coloniales.

Section 2

Les impôts et taxes dans la colonie du Dahomey

L'impôt existait en Afrique avant la pénétration coloniale Sous la colonisation, l´impôt a conduit à une mutation des habitudes de travail et un changement dans les productions locales. Le nouvel impôt du « blanc » devait se payer en monnaie du « blanc ». La recherche de cette monnaie du colon obligeait les populations soit à faire des cultures commercialisables, soit à chercher un travail salarié dans le secteur moderne naissant. Le maréchal de France, Joseph-Simon GALLIENI (1849-1916), ancien gouverneur général de Madagascar et dépendances, déclarait que l'impôt est « *le stimulant indispensable de l'énergie indigène* »[33]

« Les colonies se soutenaient par le travail servile. Le Nègre, devenu libre, n'a plus aucun intérêt à soutenir cette prospérité ; près de la nature, il ne sent aucun intérêt à soutenir cette prospérité ; près de la nature, il ne sent aucun de ces besoins factices qui donnent une si grande activité à l'habitant de l'Europe vieille, policée et corrompue. Si une nourriture grossière, si une faible portion de manioc suffit au nouveau citoyen des Antilles pour satisfaire sa faim ; s'il n'a besoin que d'une chemise et d'un caleçon de toile pour couvrir sa nudité, ne regardera-t-il pas comme insensé celui qui voudrait l'engager dans des travaux qui doivent ruiner ses forces, l'arracher sans cesse d'auprès de sa compagne, en lui offrant, pour dédommagement, des mets que son palais grossier ne peut savourer, ou un habit dans le goût européen ? » Horace Say, « Réflexions sur l'état des colonies dans les Indes occidentales, et sur la nécessité de former ailleurs d'autres établissements » La Gazette nationale de France, 19 février 1796, cité par B. GAINOT, « Le Dahomey dans la « colonisation nouvelle » 1799 », in Dix-huitième siècle 2012/1/n° 44, p. 99.

[33] I. SURIN (dir), *La France et l'Afrique 1830-1962*, Paris, Atlande, 2020, p.124.

Paragraphe 1

La fiscalité de porte

L'une des premières conséquences de la colonisation française au Dahomey a été la mise en place d'une administration douanière nouvelle au service du pouvoir colonial. Son rôle était de protéger les produits d'origine française afin de faire du nouveau territoire colonisé, un marché privilégié à l'abri de toute concurrence. Dès lors, des bureaux des douanes sont installés à *Méridjonou* pour empêcher l'entrée des produits anglais en provenance du Nigeria, et à Grand-Popo pour empêcher l'entrée des produits anglais en provenance du Ghana et du Togo. En effet, après la dépression économique des années 1930, le l'empire colonial français constitua une zone protégée et réservée pour certaines branches industrielles françaises comme les distilleries, les usines textiles, la construction et le bâtiment, les sucreries. Le bureau des douanes de Cotonou devenait la principale porte d'entrée des marchandises au Dahomey et se donnait une vocation surtout fiscale : pourvoir les caisses du gouvernorat en recettes publiques.

I. L'assiette de l'impôt

Le royaume de Ouidah, absorbé par le royaume du *Danxomé* au début du XVIIIème et, plus tard, le petit village de pêcheur qu'était Cotonou, ont surtout été connus pour leur contribution au commerce triangulaire des esclaves. La région était constellée de magasins, de cales et de forts de traite européens.

Les choses évoluent sous le règne du roi ADANDOZAN (1797-1818). Celui-ci cherche à remplacer la vente des esclaves par l'exportation des produits agricoles : poivre, indigo, coton, huile de palmier et vivres en tous genres.[34]

La colonie du Dahomey et dépendances héritent de ces produits d'exportation cultivés sur le territoire colonial. Les cultures de rente prennent de l'ampleur parce qu'elles permettent aux producteurs ruraux d'entrer dans l'économie moderne. En produisant et en vendant de l'huile de palme, du poivre, de l'indigo et d'autres produits agricoles, les cultivateurs locaux pouvaient en vendre une partie et même la totalité et recevoir, en compensation, la monnaie coloniale utile pour l'achat de biens manufacturés et le paiement des impôts et taxes dus à l'administration coloniale. Le processus de la monétarisation de l'économie et des échanges est ainsi enclenché.

« Par monétarisation, il faut comprendre, de façon implicite, non pas la création de la monnaie, mais l'extension d'une monnaie introduite par le colonisateur, à pouvoir libératoire universel. (...) Cette monétarisation est lente, restreinte, inégale. On n'a pas gardé le souvenir d'un bien qui aurait servi de « paléo-monnaie ». Les échanges se fondaient dans un système d'équivalence à taux fixe entre plusieurs biens. Ainsi, des bovins, évalués selon leur sexe, leur âge, leur robe, étaient cédés contre des greniers de mil dont le contenu se mesurait en pieds, d'après leur circonférence. La valeur des biens ne variait donc pas dans les cas d'urgence, quand se produisaient une calamité naturelle, une famine. Le cheptel bovin jouait le rôle d'une encaisse de précaution. La monétarisation des échanges n'a

---

[34] E. M'BOKOLO, *Afrique Noire. Histoire et civilisations*, *op. cit.*, p. 326.

pas été brutale ». J.M. Gastellu, « Fiscalité, monétarisation et marché en AOF : quelques questions » in : Gastellu Jean-Marc, Moisseron Jean-Yves, Pourcet G., Fiscalité, développement et mondialisation, Paris, Maisonneuve & Larose, 1999, p.77.

En échange de ces produits locaux, surtout agricoles, la colonie du Dahomey et dépendances importaient des biens d'équipement, des matériaux de construction et des produits de consommation courante :

- produits vivriers (farine de blé, boissons, etc.),
- matériels et outillages divers (moulin à maïs, etc.), fournitures scolaires,
- etc.

II. Le tarif douanier

Les grandes dates dans l'établissement du régime tarifaire douanier des colonies françaises en Afrique sont les suivantes :

1. De l'Ancien régime français à 1861

Le principe d'autonomie financière des colonies (loi du 3 juillet 1861 et sénatus-consulte du 4 juillet 1866) s'applique à chaque territoire colonial. Chaque colonie constitue une unité économique distincte ayant son budget propre et percevant à son seul avantage les recettes douanières. Le tarif douanier, délibéré localement et avalisé par décret en Conseil d'État, s'applique aux marchandises étrangères (sauf accords particuliers), tandis qu'un droit d'octroi de mer frappe tous les produits. Les produits coloniaux sont admis sur le territoire français métropolitain en franchise de droits et taxes.

2. La loi du 11 janvier 1892

Elle crée deux groupes de colonies. Le Dahomey est rangé dans le deuxième groupe. L'autonomie douanière lui est concédée. Les produits originaires du Dahomey sont admis en France et dans les territoires assimilés au bénéfice du tarif minimum ou en détaxe suivant quotas (sous réserve de justification d'origine). L'importation des produits français et algériens est soumise au tarif local ; celle des produits étrangers est soumise aux mêmes droits que s'ils étaient importés en métropole.

3. Modification apportée par la loi du 14 juin 1898

Cette loi instaure l'autonomie douanière de chaque colonie. Les importations en France et en Algérie en provenance des colonies sont, en franchise, au tarif minimum ou en détaxe suivant des quotas. Tous les produits importés dans ces territoires coloniaux sont soumis au tarif local, mais les produits étrangers (en provenance de pays autres que la France et l'Algérie) sont en plus soumis à une surtaxe.

III. L'administration des douanes

L'administration des douanes françaises, L'administration douanière française s'étend aux colonies au fur et à mesure de l'expansion coloniale du XIXème et XXème siècle. Les administrations douanières locales ne dépendent pas administrativement de la douane française, mais leur organisation et leurs méthodes sont calquées sur elle. Des fonctionnaires français de l'administration douanière sont aussi envoyés aux colonies pour encadrer les services douaniers locaux.

Paragraphe 2

La fiscalité intérieure

Le principe de l'autonomie financière des territoires coloniaux signifie que les gouverneurs des colonies devaient chercher à couvrir leurs dépenses avec leurs recettes. Pour y parvenir, les administrations locales dans les colonies ont mis en place des systèmes fiscaux dont la spécificité était d'être rapidement rentables et relativement aisés à mettre en œuvre.

De plus, les impôts directs étaient faibles car la majorité de la masse imposable était pauvre35. Dès lors, les budgets tombaient dans la dépendance du produit des douanes. Une crise internationale sur la demande de l'huile de palme conduisait à un déséquilibre du budget colonial dahoméen.

Enfin, contrairement aux règles du droit fiscal applicable en métropole française, le système fiscal dans la colonie du Dahomey comportait des contributions en numéraires et, sous diverses formes, des contributions en nature et des contributions « *en industrie* ».

---

[35] J. DRESCH, *Les investissements en Afrique noire*, Paris, Présence Africaine, 1952, p.13.

I. Les contributions en numéraires

Ces contributions étaient acquittées en monnaie ayant cours légal, c'est-à-dire en franc français. Cependant, les « *monnaies anglaises étaient acceptées en paiement par les caisses publiques* » (Décret du 17 juillet 1924 sur l'emploi des monnaies anglaises dans les colonies limitrophes des possessions britanniques).

La nomenclature budgétaire applicable rangeait les recettes fiscales en cinq catégories : les impôts sur le revenu, les droits d'enregistrement et de timbre, les impôts sur les transactions, les impôts sur la consommation et les droits de sortie.

1. Les impôts sur le revenu

- **L'impôt personnel ou impôt de capitation :**

L'impôt de capitation a une origine européenne. C'était un impôt personnel qui n'excluait par la différentiation en tenant compte des revenus des contribuables.

« *La capitation graduée établie en Russie sous Pierre le Grand en 1722. (...) Elle comportait un tarif pour les paysans, un autre pour les ouvriers libres, un troisième pour la bourgeoisie (...) La noblesse, le clergé et les marchands en étaient exempts (...) La loi du 28 mai 1885 rayât enfin d'une manière complète la capitation de la liste des impôts en Russie, à compter du 1er janvier 1887 (...) En France la capitation créée à la fin du règne de Louis XIV, par l'édit du 18 janvier 1693, graduait ses tarifs d'après 22 classes (...) Dans la première classe figurait Monsieur le Dauphin (...) pour 2.000 livres. Puis différents dignitaires dans la seconde classe pour 1.500 livres et ainsi de suite jusqu'à la dernière catégorie des gens du commun des campagnes pour 20 sols.* » René Stourm Systèmes généraux d'impôts : impôt sur le capital, impôt sur le revenu, impôt unique, en nature, capitation, Paris, Guillaumin, 1893, p.72.

Dans l'Afrique coloniale et sur le territoire français du Dahomey, l'impôt de capitation avait l'avantage de la simplicité et ne nécessitait qu'un appareil administratif sommaire. C'est un impôt par tête, un impôt personnel dont le montant est le même pour tous les contribuables, quels que soient leurs biens ou leurs revenus. Il est dû en raison de l'existence de la personne et le fait générateur est l'atteinte de l'âge d'assujettissement à l'impôt. L'impôt de capitation est une somme prélevée par adulte, ou par ménage, indépendamment du revenu ou du patrimoine effectif ou présumé. A la fin du XIXème siècle, l'impôt de capitation dans la colonie du Dahomey ne concernait que les hommes et était établi à 1 franc par homme. En 1923, il passe à 3,50 francs pour un homme, 3 francs pour une femme et 2 francs pour un enfant. En 1930, l'impôt est porté à 12 francs par homme. Dans le cercle du Borgou, les éleveurs peulhs, réputés riches pour leurs cheptels de bovins, payaient, quant à eux, en 1923, 5 francs pour les hommes, 4 francs pour les femmes et 3 francs pour les enfants. Le principe de l'égalité devant l'impôt n'a pas droit de cité ici. Seule la capacité contributive compte.[36]

---

[36] Th. BIERSCHENK, « Peuls et Etat colonial dans le Borgou français/Nord Dahomey (1895-1940) » *in Nomadic People* n°38-1996, p. 102.

La part de l'impôt de capitation dans les ressources passa de 13,9 % (moyenne 1900-1904) à plus de 70 % en 1905 au Dahomey.[37]

Dans certaines contrées, notamment dans la province du M'Bayar dans la colonie du Sénégal, l'impôt de capitation était aussi assis sur le bétail possédé par les populations colonisées.

« L'impôt de capitation présentait l'avantage de la commodité. En 1952, cet impôt représentait de 60% à 70% du produit des impôts directs, de 15% à 20% des recettes fiscales en Afrique occidentale française » (J.M. Gastellu, « Fiscalité, monétarisation et marché en AOF: quelques questions » in : Gastellu Jean-Marc, Moisseron Jean-Yves, Pourcet G., Fiscalité, développement et mondialisation, Paris, Maisonneuve & Larose, 1999, p.74).

- Les impôts cédulaires (foncier, valeurs mobilières, traitements et salaires, bénéfices agricoles, bénéfices industriels, bénéfices non commerciaux) et l'impôt général sur le revenu.
- Taxe sur le bétail
- Contribution mobilière
- Patente.
- **Droits d'enregistrement et timbre :**

Ce sont les taxes d'enregistrement, les droits de timbre et divers droits perçus sur la délivrance de documents comme les livrets de travail, le permis de chasse, les passeports, etc.

---

[37] G. ODILE « D'Almeida-Topor Hélène, Histoire économique du Dahomey (Bénin) (1890-1920) », *in Vingtième Siècle, revue d'histoire*, n°51, juillet-septembre 1996. p.185.

- **Impôts sur les transactions** :

Impôts et taxes sur le chiffre d'affaires, notamment les grandes maisons de négoce comme la Société Commerciale de l'Ouest-Africain (SCOA), la Compagnie Française de l'Afrique Occidentale (CFAO), l'United Africa Co. (UAC) du groupe Unilever, ou la John Holt.

- **Impôts sur la consommation** :

Ce sont les droits d'entrée (sur le sucre, le textile, l'alcool, etc.) et les diverses taxes de consommation sur les véhicules, les postes récepteurs radiophoniques, etc.

- **Droits de sortie** :

Ce sont des recettes fiscales liées aux exportations. Ces recettes sont sensibles à la conjoncture économique fluctuante, parce qu'elles sont prélevées sur les matières premières. Celles-ci subissent de grandes et brusques variations des cours mondiaux. Cette sensibilité aux prix internationaux et à la demande est exacerbée par l'absence de compensation possible entre plusieurs produits. La spécialisation territoriale des colonies les rend dépendantes de monocultures comme le palmier à huile au Dahomey, l'arachide au Sénégal, le coton en Oubangui-Chari.

Difficultés d'établissement d'un système fiscal efficace dans les territoires coloniaux.

Un administrateur colonial fait observer les difficultés que crée à la mise en place d'un système fiscal cohérent *« l'extrême diversité des conditions, des genres de vie, de statut civil de la population (...) Les frontières mal déterminées, parfois inexplorées, offrent à la fraude des tentations irrésistibles. Il n'y a pas de cadastre, il n'y a pas d'état civil, souvent pas de nom de famille et la personnalité fiscale n'existe qu'à peine, de même que la propriété individuelle ; la propriété foncière présente des formes souvent imparfaites »,* Cité par Pierre SANNER, « Budgets et fiscalité des territoires d'outre-mer », Revue d'Économie Politique, 1952, p. 916.

II. Les contributions en nature

L'administration coloniale avait un sens profond de pragmatisme. Les sociétés coloniales ne connaissaient pas la monnaie du colonisateur. Les populations vivaient dans l'ignorance du franc français. Elles avaient leurs propres signes monétaires, mais devaient s'adapter à la nouvelle économie coloniale ainsi qu'aux instruments d'échange de cette nouvelle économie coloniale.

Le pragmatisme des colons a été d'accepter, en attendant la conversion totale des autochtones aux méthodes d'échange basées sur le franc français, que le prélèvement sur le patrimoine des sujets des colonies pouvait se faire par tout moyen y compris en nature. C'est dans ce cadre que le Lieutenant-gouverneur Lemaire rappela que :

> *« Les indigènes auraient la faculté de se libérer (de leur obligation fiscale) par la fourniture de produits d'exportation, tels que : paille, poutres, ivoire, caoutchouc, etc. ».*[38]

Dans d'autres colonies françaises, l'impôt a pu être acquitté sous la forme de bétail sur pied, ou encore en produits dits de cueillette (caoutchouc, ivoire).[39]

---

[38] C. COQUERY-VIDROVITCH, *Le Congo au temps des grandes compagnies concessionnaires 1898-1930. Tome 1*, Éditions de l'École des hautes études en sciences sociales, 2001, p.118.

[39] M. FABRE, « Motivations et objectifs de l'impôt dans le discours colonial », *in* E. DE MARI et D. TAURISSON-MOURET, (Dir.) *Fiscalité contre nature. L'impact environnemental de la norme en*

III. Les contributions en « industrie » ou les prestations

En lieu et place d'une contribution pécuniaire, l'administration coloniale a aussi recours au travail des indigènes. La pratique a été justifiée en estimant que le régime des prestations est une « *forme adaptée de l'impôt exigé aux populations des pays pauvres en espèces monétaires* ».[40] La pauvreté monétaire rendant l'acquittement pécuniaire de l'impôt plutôt peu rentable, la prestation en industrie (travail) est acceptée comme une contribution aux besoins d'intérêt général.

> *« L'Arrêté général du 25 novembre 1912 réglementant le régime des prestations en AOF stipule que tous les indigènes de sexe masculin adultes et valides, à l'exception des vieillards, des militaires, grades-cercles, préposés de douane, gardes-forestiers, y sont assujettis. Mais ces prestations ne devraient pas être exigées durant les périodes de cultures ou de cueillette. Elles ne pouvaient non plus s'effectuer à plus de kilomètres du village du prestataire, sinon, ce dernier devait percevoir une ration en nature ou en espèces. La durée de la prestation était en fonction de la colonie. En 1926, elle était fixée à 8 jours par an pour la colonie du Sénégal, 10 jours pour la Guinée, 12 jours pour le Soudan et la Mauritanie ».* B. FALL, Le travail forcé en Afrique occidentale française, 1900-1945, Paris Karthala, 1993, p.202.

---

milieu contraint. Exemples de droit colonial et analogies contemporaines, Paris, EdiSens, 2020, p.27.

[40] B. FALL, *Le travail forcé en Afrique occidentale française, 1900-1945*, Paris, Karthala, 1993, p.201.

Le régime des prestations fut progressivement abandonné dans les colonies et remplacé par la taxe additionnelle sur l'impôt personnel (capitation). Dès 1937, la colonie du Dahomey est passée à la taxe additionnelle sur tout son territoire. Le taux était variable par cercle et allait de 3 francs à 11 francs dus en plus de l'impôt personnel (capitation).

Le régime des prestations a été assimilé au travail forcé. D'après la Convention n°29 de l'OIT (Organisation internationale du Travail) en vigueur en 1930, le travail forcé ou obligatoire désigne :

> *« Tout travail ou service exigé d'un individu sous la menace d'une peine quelconque et pour lequel ledit individu ne s'est pas offert de plein gré ».*

Ce qui caractérise le travail forcé, ce n'est pas l'absence de rémunération, mais son caractère non volontaire, non consenti.

Section 4

Le recouvrement de l'impôt

Il est examiné ici l'organisation administrative du recouvrement de l'impôt, les moyens de payer l'impôt et les procédures de paiement forcé de l'impôt.

La pression fiscale

« Les États coloniaux de l'empire français disposaient d'une importante capacité d'extraction. En moyenne, ils prélevaient 9% du PIB des colonies en 1925, (14% en 1951) et 16% en 1955. Ces chiffres étaient supérieurs à la moyenne des pays non-colonisés ayant le même niveau de revenu par habitant à la même période. (...) Dans les colonies d'Afrique du Nord, des systèmes fiscaux plus modernes étaient mis en œuvre comme l'impôt sur le revenu, alors qu'en Afrique subsaharienne les colons s'appuyaient principalement sur l'impôt de capitation et (avant 1945) sur le travail forcé. » D. COGNEAU, Y. DUPRAZ, J. KNEBELMANN et S. MESPLE-SOMPS « Recettes publiques en Afrique de l'époque coloniale à nos jours : Le cas des anciennes colonies françaises » *in DIALOGUE*, La lettre d'information de DIAL (Développement Institutions Mondialisation), mars 2022/n°64, p.2.

Paragraphe 1

L'organisation du recouvrement

D'une manière générale, le principe d'unité de trésorerie et la séparation des ordonnateurs et des comptables empêchaient l'administration coloniale de faire faire le recouvrement par les services d'assiette ou d'avoir son propre service du Trésor. C'était donc le Trésor public de France qui exécutait, pour le compte de la colonie, les opérations d'encaissement. Les services locaux du Trésor public français :

- sont pris en charge des budgets locaux pour leur fonctionnement ;
- n'assurent le paiement des dépenses de la colonie que dans la limite des disponibilités en compte de celle-ci.

Par ailleurs, le recouvrement de l'impôt personnel (capitation) reposait essentiellement sur les chefs de canton. Ceux-ci travaillaient avec les chefs de villages pour fournir le recensement de la population imposable par village et par carré. Ils supervisaient la perception de l'impôt au profit des caisses du budget du territoire de la colonie.

Ils étaient aussi payés en retour pour le service rendu dans la mobilisation des recettes fiscales, soit en ristourne sur les montants recouvrés (entre 1% et 10%), soit en salaire payé par l'administration coloniale.

« *Le chef, agent indigène de l'administration, n'est pas un fonctionnaire. Pour subvenir à ses besoins et aux lourdes charges que l'administration (coloniale) lui impose, il n'a que de maigres remises sur l'impôt. L'administration doit donc fermer les yeux sur les exactions, 'coutumières' ou non, auxquelles il se livre pour y suppléer. Les inconvénients qui en découlent conduisent à s'orienter vers une fonctionnarisation. Le gouverneur Joseph-François Reste de Roca, au Dahomey, puis en Côte d'Ivoire, institue, en leur faveur, une hiérarchie et des soldes. Ce système se généralisera dans les années 1934 à 1936 (...) Au nord-Dahomey, le 'chef supérieur' de Nikki, héritier des anciens grands rois Bariba, 'reçoit chaque mois (...) une solde sensiblement inférieure à celle du planton auxiliaire de la subdivision'* » (Jean SURET-CANALE, Afrique noire, l'ère coloniale, 1900-1945, Paris, Éditions sociales, 1964, pp.408-409).

Paragraphe 2

Le paiement forcé de l'impôt : la contrainte par corps[41]

Le recouvrement forcé de l'impôt bénéficiait des pouvoirs que le code de l'*indigénat* (Loi du 21 décembre 1897 relative aux pouvoirs disciplinaires des administrateurs) accordait aux administrateurs coloniaux (commandant de cercle, chef de canton, fonctionnaires français de l'administration coloniale et même, pendant un temps, simple citoyen français résident dans les colonies) le droit d'infliger aux indigènes africains, des sanctions pénales, sans un recours préalable devant une autorité judiciaire.

Ces pouvoirs exorbitants des administrateurs coloniaux ont été mis à profit pour forcer les contribuables à payer l'impôt. Le non-paiement de l'impôt était une infraction pénale passible de peine corporelle et pécuniaire.

---

[41] « *La contrainte par corps à savoir l'emprisonnement pour dettes est une mesure d'exécution légale qui consiste à appréhender le débiteur afin qu'il respecte le contrat passé avec son créancier. Elle prend au travers des siècles plusieurs formes. Droit de vie et de mort accordé au créancier puis de servitude personnelle (...) ; la contrainte par corps revêt plusieurs formes au cours de l'histoire. Dans les civilisations anciennes, le débiteur était réduit en servitude et devenait l'esclave de son créancier* » (Nazlie Aïnouddine SIDI, *L'évolution de la contrainte par corps du XVIe au XXe siècle*, Thèse droit, université de Poitiers, France).

« Tous les jours, hommes et femmes, même ceux qui ne doivent plus rien au fisc, sont arrêtés, ligotés, fustigés, sous prétexte de mauvaise volonté dans le paiement des impôts. C'est ainsi que la plupart, pour faire face au paiement de leurs impôts, mettent leurs propres enfants en gage. Awéhansou Houcangué, cultivateur du village de Djégan Daho, a déjà payé sa cote. Le chef Adoto, (...) le convoque, le fait fustiger, et lui fait payer deux côtés, l'une pour son frère décédé et l'autre pour la femme de ce dernier qui n'est pas sous sa dépendance. Le vieux Jéha, âgé de 80 ans environ, a été arrêté, fustigé, pour n'avoir pas vite payé l'impôt. A l'heure où nous écrivons, il est à 2 kilomètres, où il fait des corvées sous la chicote. En une journée, le 16 février 1935, dans le village de Djégbi, 22 indigènes furent consignés pour 10 jours de prison pour avoir incomplètement payé leurs impôts ». (Extrais du journal Le Courrier du golfe du Bénin, cités par Jean SURET-CANALE, Afrique noire, l'ère coloniale, 1900-1945, Paris, Editions sociales, 1964, p.439).

La contrainte par les coups de fouet ou par l'emprisonnement devrait conduire les sujets de l'empire colonial à payer leurs impôts. Lorsqu'ils n'y arrivaient toujours pas, l'administration coloniale pouvait se substituer à eux, saisir et vendre leurs biens pour que l'impôt dû soit entièrement acquitté. Dans tous les cas, le quota d'impôt fixé pour chaque village à l'issue du recensement, doit être atteint. Si ce quota n'est pas atteint, les contribuables présents devaient payer pour les individus absents. C'est ce que raconte l'administrateur Gilbert Vieillard en 1936 :

« Les jeunes gens partis pour le gagner (l'impôt) n'étaient pas encore revenus ; les contribuables émigrés, cachés ou en fuite, les morts inscrits au recensement, alourdissaient la charge des présents. Tant pis, il fallait trouver l'argent : on était donc réduit à vendre les biens de ceux qui étaient en

règle, mais qui n'osaient pas trop se plaindre. On vendait d'abord animaux, vaches, moutons, poulets, puis le grain, les marmites (...) tout ce qui était vendable. Les prix étaient très bas (...) Le contribuable touchait rarement la différence entre le prix de vente et le montant de l'impôt dû. Quand il n'y avait rien, on mettait en gage les récoltes sur pied et les enfants ». (cité par Jean SURET-CANALE, Afrique noire, l'ère coloniale, 1900-1945, Paris, Éditions sociales, 1964, p.439, p.440).

Deuxième partie

La théorie générale de l'impôt

Chapitre I

La notion d'impôt

L'impôt est du domaine de la réalité sociale ; il est un fait social. C'est la raison pour laquelle on parle de *notion d'impôt.* Il s'agit ici de cerner les contours de cette notion.

Section 1

Définition de l'impôt

La constitution de la Vème République (11 décembre 1990), emploie une notion, l'*impôt* (article 96) et une locution nominale *impositions de toute nature* (article 98), sans apporter de précisions sur le contenu de l'un ou de l'autre. On peut en dire de même des lois et actes règlementaires de la République qui ne donnent nullement une définition de l'impôt. Le langage du législateur contribue d'ailleurs à embrouiller l'esprit plutôt qu'à clarifier les notions. La loi fiscale appelle *taxe,* ce qui est en réalité un *impôt* (exemple de la Taxe sur la valeur ajoutée).

La question notionnelle se complexifie dans notre contexte de mondialisation des savoirs et surtout d'anglicisation des termes du langage scientifique. Ce que nous appelons impôt se traduit par le mot tax à Accra ou à Abuja. Par ailleurs, si dans les pays francophones de l'Afrique de l'ouest, l'expression *« impositions de toute nature »* semble prendre le pas sur l'impôt, les anglophones d'Afrique promeuvent un terme plus large, celui de *Revenue*. Les administrations fiscales prennent la dénomination de *Revenue Authority* (*Ghana Revenue Authority, Kenya Revenue Autority, Nigeria Revenue Autority*, etc.). Les *Revenues Authorities* prennent le nom d'Office des recettes chez les francophones (Office burundais des recettes, Office togolais des recettes). Ces *Revenues Authorities* fusionnent en un seul organe la gestion des impôts et taxes intérieurs d'une part, et les impôts et taxes perçus au cordon douanier d'autre part. Un grand chambardement est ainsi en cours et s'explique par les commodités managériales et le souci de l´optimisation des recettes des personnes publiques. La définition de l'impôt doit tenir compte de cette évolution et présenter un socle résiduel, le reste pouvant être rattaché aux caractères de l'impôt.

Par ailleurs, le Code général des impôts (2022) semble donner la même signification aux mots « *droits, impôts, prélèvements et taxes* » (article 586). Ce à quoi il faut ajouter d'autres dénominations contenues dans les lois et règlements pour désigner le même objet, à savoir l'impôt : imposition, contribution, versement.[42]

---

[42] Respectivement article 98 de la constitution, articles 196 et 191 du CGI.

En l'absence d'une définition légale certaine, la doctrine africaine et non africaine s'attèle à combler le vide. La définition la plus répandue est celle dite de JÈZE-VEDEL et qui s'énonce comme suit :

UNE PRESTATION PECUNIAIRE REQUISE DES PARTICULIERS, EN TENANT COMPTE DE LA CAPACITE CONTRIBUTIVE, PAR VOIE D'AUTORITE, A TITRE DEFINITIF, ET SANS CONTREPARTIE, EN VUE DE LA COUVERTURE DES CHARGES PUBLIQUES.

Cette définition **large**, aussitôt prononcée, appelle la formulation des exceptions à plusieurs compartiments de ladite définition. *Primo*, l'impôt n'est pas une prestation mais une contribution. *Secundo*, il n'est plus simplement requis des particuliers mais aussi des personnes morales de droit privé, des entreprises publiques et bien d'autres catégories de personnes. *Tertio*, si la capacité contributive devait définir l'impôt, les droits d'accises comme la taxe sur le ciment, seraient exclus de la catégorie des impôts. Le ciment est vendu au même prix aux riches et aux pauvres, sans nuance et sans appréciation, en amont, de la capacité de payer de l'acheteur. De même la TVA et les impôts proportionnels à taux unique ne permettent une modulation selon le revenu. *Quarto*, l'impôt est sans contrepartie immédiate mais le nombre d'impôts affectés à des dépenses précises (les comptes d'affectation spéciale) ainsi que les dépenses fiscales ciblées, donnent de la contrepartie à la charge fiscale.

En conclusion, la définition extensive de l'impôt manque de remplir sa fonction. Une définition doit réunir les qualités de concision, de clarté et de signification (sans une kyrielle d'exception)

En conséquence de tout cela, il est possible de retenir de l'impôt l'approche qui dit que :

- *sur le plan matériel* : l'impôt est une contribution pécuniaire obligatoire perçue dans un but d'intérêt général ;
- *sur le plan formel* : l'impôt est prélevé en application d'une loi (article 98 de la constitution) ou d'une décision normative des institutions d'intégration régionale.[43]

D'où il suit la définition **courte** de l'impôt qui est :

L'IMPOT EST UNE CONTRIBUTION PECUNIAIRE OBLIGATOIRE, DECIDEE (AU PLAN INTERIEUR) PAR LE PARLEMENT, DANS UN BUT D'INTERET GENERAL

C'est la définition qui est retenue dans le présent ouvrage. Elle est dite ***définition courte*** (par opposition à la ***définition large*** de JÈZE-VEDEL) et comporte des éléments qui sont à la fois cumulatifs et consubstantiels à l'impôt, et qui sont au nombre de quatre : la contribution financière, la forme législative, le but d'intérêt général, et l'obligation de contribuer :

- **La contribution financière, l'impôt, c'est de l'argent**. Le contribuable paie sa dette fiscale en donnant de l'argent ayant cours légal, sous toutes ses formes : numéraire, fiduciaire, électronique, et par transfert monétaire via les réseaux de téléphonie GSM : Mobile Money ou *MoMo*. Le Trésorier

---

[43] Acte additionnel ou règlement de l'Union Economique et Monétaire de l'Afrique de l'Ouest (UEMOA) ou de la Communauté Economique des Etats de l'Afrique de l'Ouest (CEDEAO).

communal ne peut recevoir valablement des sacs de manioc ou des bœufs sur pied en guise de règlement d'une dette fiscale exigible.[44] Historiquement et pendant la période coloniale, l'exigence du paiement en argent a servi à accélérer la transformation structurelle des transactions entre agents économiques dans la colonie du Dahomey. L'économie de troc a montré ses limites. Les colonisés avaient besoin de numéraires pour payer l'impôt du « *blanc* ». Il fallait donc chercher à vendre ses produits contre de l'argent au lieu de les échanger contre d'autres produits. La vente permet de disposer de numéraires pour pouvoir payer ses impôts et espérer se soustraire au travail forcé

- **La voie législative** : le consentement de l'impôt prend la forme d'une loi. C'est ce que dit l'article 96 de la constitution. « *L'Assemblée nationale vote la loi et consent l'impôt.* » Dans le même sens, l'article 98 de la constitution dispose que « *Sont du domaine de la loi les règles concernant* (...) *l'assiette, le taux et les modalités de recouvrement des impositions de toute nature* ». A défaut d'une loi votée par le parlement, un texte de nature supérieure est recevable. C'est le cas de l'Acte additionnel n° 04/96 du 10 mai 1996 instituant un régime tarifaire préférentiel transitoire des échanges au sein de l'UEMOA, modifié par l'Acte additionnel n°

[44] La dation en paiement est un paiement en nature d'une créance fiscale. Elle est une forme d'acquittement des droits de mutation à titre gratuit et de droit de partage par la remise d'œuvres d'art, de livres, d'objets de collection, de documents de haute valeur artistique ou historique, ou d'immeubles situés dans les zones du conservatoire de l'espace littoral et des rivages lacustres ou d'immeubles de bois, forêts ou espaces naturels pouvant être incorporés au domaine forestier de l'État (Article 1716 du Code général des impôts en France, loi n°68-1251 du 31 décembre 1968 en France).

01/97 du 23 juin 1997 et l'Acte additionnel n° 04/98 du 30 décembre 1998) et l'Article 72 du Traité Révisé de la CEDEAO instituant un prélèvement communautaire destiné à générer des ressources pour financer les activités de la Communauté. Les Actes Additionnels et les traités de l'UEMOA et de la CEDEAO ont, selon la jurisprudence de la Cour de Justice de l'UEMOA mais aussi en application de l'article 147 de la constitution[45], une valeur supérieure au droit interne des États, et sont donc au-dessus des lois votées par l'Assemblée nationale du Bénin.

- **Le but d'intérêt général** : en 1903, un administrateur colonial montrait le lien existant entre l'impôt et l'intérêt général.

« L''impôt que vous êtes chargé d'établir n'est légitime qu'autant que l'administrateur qui le perçoit donne en retour quelque chose, à l'indigène. Ce quelque chose, c'est la protection que vous lui garantissez contre les agissements de ses voisins, la justice que vous lui assurerez contre tous ceux qui attenteraient sans motif à sa liberté ou à ses biens. Enfin, c'est la sécurité qu'il trouvera sur les routes commerciales établies ou à établir et qui facilitera les transactions. Le résultat peut être long à obtenir, (mais) rappelez-vous qu'une patience inlassable, l'esprit de suite, la continuité dans l'effort sont les plus sûres garanties de réussite ».[46]

---

[45] Article 147 "Les traités ou accords régulièrement ratifiés ont, dès leur publication, une autorité supérieure à celle des lois".

[46] M. FABRE, « Motivations et objectifs de l'impôt dans le discours colonial », *in* E. DE MARI et D. TAURISSON-MOURET, (Dir.) *Fiscalité contre nature. L'impact environnemental de la norme en milieu contraint. Exemples de droit colonial et analogies contemporaines*, Paris, EdiSens, 2020, p.27.

- L'intérêt général renvoie à des notions voisines comme le service public, le bien commun, et de plus en plus la « *solidarité intergénérationnelle* » que traduisent les objectifs de développement durable. Les missions de service public de l'État sont accomplies dans un but d'intérêt général. L'intérêt général est le fondement de l'État et le but de l'action publique. Le but d'intérêt général de l'impôt explique le régime juridique du contentieux fiscal, notamment les sûretés et privilèges du Trésor dans les procédures de recouvrement de l'impôt.

L'État ou les collectivités territoriales locales, pour exercer une activité de service public, peuvent décider, pour des raisons diverses, de confier la gestion de ce service public à une personne privée. Une entreprise privée ou une association caritative peuvent ainsi travailler pour l'intérêt général dans le cadre de l'exécution d'une mission de service public sous le contrôle d'une personne publique. En compensation de la mission de service public qu'elle exécute, la personne privée peut bénéficier des revenus tirés d'un 'impôt' ou d'une taxe.

- Un **prélèvement obligatoire** : c'est le caractère qui correspond le mieux à l'étymologie de l'impôt : du latin « *impositum* », qui est le participe passé du verbe *« imponere »*,[47] « *mettre une charge sur quelqu'un ou quelque chose* ». La constitution est péremptoire sur ce point :

---

[47] Ce verbe « *imponere* » est composé de deux parties : *in-*, qui signifie sur ou dans, et *ponere*, qui signifie *poser* ou *mettre*. Le terme latin *imponere* signifie littéralement *poser sur*, dans le sens de *mettre une charge sur quelqu'un ou quelque chose*.

« Tous les citoyens de la république du Bénin ont le ***devoir*** *(...) de s'acquitter de leurs contributions fiscales » (article 33 de la constitution).*

La Cour constitutionnelle renchérit et relève « *le caractère obligatoire, imposé (du) prélèvement* » (Décision DCC 96-078 du 12 novembre 1996, Talon Patrice et al., Recueil 1996, p.329).[48] Les mots *imposition* et *imposer*, qui ont la même racine que l'impôt (latin *impositum*), expriment l'idée que l'impôt est un prélèvement obligatoire. Le prélèvement de l'impôt est moins un acte de volonté qu'un acte de puissance. Celui qui déclare ses revenus et paie la part constitutive de l'imposition sur le revenu, le fait parce qu'il ne peut faire autrement. Ne pas payer de son propre gré revient à prendre le risque d'un redressement fiscal avec amende et pénalité. Mais c'est surtout, pour certaines catégories d'impôts, s'exposer à dans sanctions pénales et privatives de liberté.[49] Certes, le contribuable-citoyen a consenti aux impôts à travers le vote de la loi de finances de l'année par les représentants de la nation réunis en Assemblée nationale législative. Ce consentement de l'impôt est perçu comme si important qu'il été un mobile important dans le déclenchement et l'aboutissement de révolutions dans l'histoire. Mais, de jours, le consentement de l'impôt tend plus à rationaliser le discours politique et juridique. Le consentement de l'impôt est un argument de légitimation de l'impôt qui reste, avant tout, une soustraction forcée

---

[48] Voir N. MEDE, *Les grandes décisions de la Cour constitutionnelle du Bénin*, Dakar, L'Harmattan, 2020, pp. 179 et suivantes.

[49] Code général des impôts du Bénin : « *Article 504 : Est passible, indépendamment des sanctions fiscales encourues, d'une amende de cent mille (100 000) à deux millions (2 000 000) de francs CFA et* ***d'un emprisonnement de un (1) an à cinq (5) ans*** *ou de l'une de ces deux peines seulement, quiconque* (....) ».

opérée sur le patrimoine du contribuable. Qui dit impôt, dit donc obligation juridique sanctionnée.

S'agissant des « *impositions de toute nature* » de l'article 98 de la constitution, il convient de faire observer que :

- il n'existe pas d'impôt par nature ni d'imposition de toute nature qui le soit par essence. Il appartient au législateur de décider de conférer à un prélèvement sa nature d'impôt en votant une loi pour la créer ou la modifier. La forme législative découle donc d'une décision du législateur ou d'une attribution de compétence législative prononcée par le juge constitutionnel, lequel oblige ainsi le parlement à se conformer à l'exigence législative ;
- ni la Constitution, ni la loi ne fournissent une définition synthétique de l'impôt. La Constitution emploie, dans son article 98, la notion d'imposition de toute nature pour déterminer la portée du principe de légalité fiscale. Dès lors qu'un prélèvement est qualifié d'imposition de toute nature, la compétence du législateur s'impose pour déterminer les règles d'assiette de taux et de recouvrement ;
- la locution nominale « *impositions de toute nature* » (« *toute nature* », au singulier) signifie les impositions quelles qu'elles soient : directes ou indirectes, cédulaires ou générales, sur le revenu ou sur la dépense, etc. et quelle qu'en soit la dénomination (droit, impôt, contribution[50], prélèvement, etc.). C'est ce que confirme l'énoncé des décisions de la Cour constitutionnelle qui emploie indifféremment les termes

---

[50] Article 33 de la constitution "*contributions fiscales*".

d'*impôt*, d'*imposition de toute nature* et une expression de son cru : les *taxes imposées*.[51]

Section 2

Les caractères de l'impôt

L'impôt présente certains caractères qui accompagnent les éléments de la définition **courte**, mais qui peuvent être assortis de dérogations ou d'exceptions le distinguant de notions voisines ou lointaines. L'impôt a les caractères suivants :

- **Un prélèvement d'autorité** :

La voie d'autorité est le corollaire de la nature obligatoire de l'impôt. L'impôt peut être perçu par retenue à la source. Il peut aussi être mis en recouvrement par l'utilisation de prérogatives de puissance publique. Une prérogative de puissance publique est un moyen exorbitant du droit commun détenu, en vue de satisfaire l'intérêt général, par une personne chargée de l'action administrative, en imposant ses décisions à des personnes privées : privilège du préalable, privilège de l'exécution d'office, pouvoir de sanction, de résiliation unilatérale ou de modification unilatérale des contrats, etc. En matière fiscale, les prérogatives de puissance publique constituent des privilèges du Trésor public ;

[51] "*Que l'arrêté ainsi libellé s'analyse comme une taxe imposée*" (Décision DCC 06-108 du 11 août 2006, MEDE *Nicaise*, Recueil 2006, p.567).

- **Un prélèvement sans Sontrepartie directe** :

Selon la Cour constitutionnelle, l'impôt est « *un prélèvement (...) sans contrepartie* » (Décision DCC 10-027 du 11 mars 2010, Serge Roberto Prince Agbodjan).[52] On paie l'impôt parce qu'on doit payer l'impôt. Parce qu'une loi en a disposé ainsi. On ne paie pas l'impôt comme on donne de la main droite pour recevoir de la main gauche. L'impôt n'est pas un contrat synallagmatique dans lequel le contribuable, partie au contrat, donne et reçoit, paie son impôt et bénéficie d'une prestation équivalente ou presque. Le contribuable paie l'impôt d'abord parce que cela procure des recettes à l'État béninois ; ensuite, parce que la loi en dispose ainsi sous peine de sanction ; enfin, parce que l'État instrumentalise l'impôt pour appliquer sa politique économique, sociale et environnementale.

Les années 1970 et 1980 ont connu l'institutionnalisation d'une forme de compensation entre les paiements des citoyens et les services rendus par les administrations publiques. Ce qu'on appelait le *« comptons sur nos propres forces »* consistait à verser une somme fixe mais assez modique chaque fois qu'il fallait se faire délivrer un extrait d'acte de naissance, un casier judiciaire, un certificat ou une attestation de résidence. La quittance du *« comptons sur nos propres forces »* était aussi exigible au nombre des pièces à fournir pour la constitution de dossiers administratifs divers, en plus des frais administratifs normaux : dossier de délivrance du permis d'habiter, dossier d'obtention du titre foncier, dossier de mariage, etc. Le *« comptons sur nos propres forces »* était une recette hors budget qui servait au fonctionnement des services publics à la base. Le *« comptons sur nos propres forces »* était fondé sur un discours du 30 novembre 1972, discours prononcé par le Président de la République et qui

---

[52] Voir N. MEDE, *Les grandes décisions de la Cour constitutionnelle du Bénin*, Dakar, L'Harmattan, 2020, pp. 179 et suivantes.

disait : *« comptons d'abord sur nos propres forces, sur nos propres ressources, sur l'initiative créatrice des larges masses dans notre lutte pour nous libérer de la domination étrangère pour développer notre économie et pour donner à notre peuple la dignité et la personnalité d'un peuple libre ».*

Le *« comptons sur nos propres forces »* a aussi eu un volet prestation ou investissement humain par le développement d'activités productives dans les écoles, lycées et collèges et à l'université. Les activités dites coopératives exécutées par les apprenants et les enseignants (jardinage, agriculture, transformation des produits agricoles, etc.) dégageaient des recettes pour financer les besoins des établissements de formation (A. ASSANKPON, « 60ème ans d'indépendance : Du Dahomey d'hier au Bénin d'aujourd'hui » 31 juillet 2020 http://www.l-integration.com/2020/07/31/ 60eme-ans-dindependance-du-dahomey-dhier-au-benin-daujourdhui/

L'absence de contrepartie directe est le caractère qui permet de distinguer l'impôt des cotisations sociales. Sans cotisations sociales, pas de prestations sociales à la charge de la Caisse Nationale de Sécurité Sociale (CNSS). En effet, les cotisations sociales par les travailleurs et les employeurs au profit de la CNSS sont aussi des prélèvements obligatoires. Leur paiement se fait sur la même plateforme de *e.service* de la Direction Générale des Impôts (https://e-services.impots.bj). Les montants destinés à la Caisse Nationale de Sécurité Sociale sont reversés par l'État à l'établissement public qu'est la CNSS. Les cotisations sociales, à la différence de l'impôt, donnent droit à diverses prestations que sont : les prestations familiales, la couverture des risques accident et maladie du travail et l'assurance retraite. Les prestations sont la contrepartie des cotisations individualisées et réglementées dans leur assiette, leur liquidation, leur recouvrement et la gestion des fonds collectés (Loi n°98-19 du 21 mars 2003, modifiée, portant Code de sécurité sociale au Bénin).

- **Un prélèvement effectué à titre définitif** :

L'impôt n'est pas un *revolving fund* (fonds renouvelable devant être remboursé). L'argent payé au titre de l'impôt n'est pas fait pour être restitué plus tard. Ce n'est pas un prêt destiné à être remboursé à terme. L'impôt est donc une recette définitive au profit des caisses publiques des collectivités publiques étatiques ou locales décentralisées. Ce caractère est respecté dans le droit fiscal positif en 2023. Mais historiquement, certaines législations ont explicitement prévu le remboursement des sommes payées au titre d'un prélèvement obligatoire à caractère fiscal.

Exemple de prélèvement obligatoire devant être remboursé : les contributions des entreprises au Fonds National d'investissement (Ordonnance n° 73-74 du 27 novembre 1973, portant création du Fonds National d'Investissement, Journal Officiel du 1er janvier 1974)

Article 8 : *« Les ressources du Fonds National d'Investissement sont constituées (...) 2°) par les cotisations obligatoires mises à la charge des assujettis à l'impôt sur les bénéfices industriels et commerciaux, à l'impôt sur les bénéfices non commerciaux en vue de la souscription des certificats d'investissement ».*

Article 23 : *« Les charges du Fonds National d'Investissement sont constituées : 1° par les* ***intérêts*** *dont il est redevable tant au titre des obligations à long terme que des bons d'investissement ; 2°) par les* ***remboursements*** *de certificats d'investissement. »*

Section 3

Les notions voisines de l'impôt

Certaines notions de droit fiscal et de droit social présentent des similitudes avec l'impôt mais s'en distinguent fondamentalement, au regard de la définition et des caractères de l'impôt.

Paragraphe 1

Les cotisations sociales

I. Nature

Les cotisations sociales sont des contributions prélevées sur les travailleurs et les employeurs en application de l'article 24 de la loi n°98-19 du 21 mars 2003 portant Code de sécurité sociale en République du Bénin (modifiée par la loi n°2007-02 du 26 mars 2007 et la loi n° 2010-10 du 22 mars 2010).

II. Caractères

Les cotisations sociales sont la contrepartie des prestations de sécurité sociale (prestations familiales, couverture des risques professionnels d'accident et de maladie, versement de la pension de retraite) que la Caisse nationale de sécurité sociale verse aux travailleurs du secteur privé. Il y a un lien direct entre le paiement des cotisations sociales et le bénéfice des prestations sociales. Sans cotisation sociale, pas de prestation sociale. Ce qui fait une différence avec l'impôt dont le prélèvement est sans contrepartie directe.

III. Bénéficiaire des prélèvements

Les versements sont faits au profit de la Caisse nationale de sécurité sociale (établissement public à caractère social, jouissant de la personnalité morale et de l'autonomie financière) pour alimenter son budget autonome. Les impôts, quant à eux, sont versés au Trésor public pour financer les dépenses inscrites dans la loi de finances de l'année.

En conclusion, si l'impôt se rapproche des cotisations sociales par sa nature, il s'en éloigne par contre lorsqu'on tient compte de ses finalités et du bénéficiaire des prélèvements.

Paragraphe 2

La taxe

I. Nature

La taxe est, au même titre que l'impôt, une recette publique prévue par une loi. Elle présente aussi les caractères obligatoires et définitifs propres à l'impôt.

II. Caractères

La taxe se distingue de l'impôt par la contrepartie exigée pour son paiement. Alors que l'impôt est sans contrepartie, la taxe vient en compensation d'un service rendu au contribuable. Il y a un lien de cause à effet entre la perception de la taxe et une ou des prestations rendues au profit du contribuable. Toutefois, il n'y a pas équivalence de coût entre la ou les prestations et le montant de la taxe versée.

III. Bénéficiaire des prélèvements

La taxe rejoint ici l'impôt parce qu'elle est perçue au profit des caisses publiques.

Paragraphe 3

La redevance

I. Nature

La redevance est une recette publique perçue à l'occasion de la prestation d'un service public. C'est le prix payé pour bénéficier d'un service public ou pour financer un service public : ticket d'entrée au musée historique d'Abomey, ticket du poste de péage/pesage de Diho, Ahozon, et autres. Dans le même sens, un Arrêté interministériel l'Arrêté interministériel n°2433/MCVT /MEF/MDGL/DC/SGM/DGI/SGDS/SA du 20 septembre 2024 portant tarifs, modalités de recouvrement et affectation de la redevance d'enlèvement des déchets, arrêté signé du ministre du cadre de vie et des transports, du ministre de l'économie et des finances et du ministre de la décentralisation et de la gouvernance locale fixe les montants de la redevance à payer pour le ramassage des ordures ménagères dans certaines communes du sud du Bénin. Selon les dispositions de l'article 2 de cet arrêté, les tarifs mensuels de la redevance d'enlèvement des déchets sont compris entre 3.000 francs et 30.000 francs

II. Caractères

La redevance est un prix payé en contrepartie d'un service rendu. **Elle est une rétribution, alors que l'impôt est une contribution**. Le prix payé doit être équivalent au coût du service rendu. Le rapport d'égalité entre le prix payé et la prestation rendue est le caractère qui distingue la taxe de la redevance. Celui qui bénéficie du service paie pour le bénéfice qu'il en tire. A l'inverse, celui qui n'est pas concerné par ce service n'est pas concerné ni impliqué dans le paiement des frais. L'exemple typique est le ramassage des ordures ménagères. La taxe de ramassage des ordures est payée par les personnes qui sont concernées par le système de ramassage et en proportion de la quantité des ordures produites. Le nombre de passages des ramasseurs dans la semaine est un indicateur de quantité d'ordures produites et destinées à être ramassées.[53]

III. Bénéficiaire des prélèvements

Le bénéficiaire de la redevance est le budget autonome de l'organisme qui gère le service public qui offre ses prestations au public. Cet organisme peut être un établissement public : Exemple de la Société des infrastructures routières et de l'Aménagement du Territoire qui « *est une société anonyme unipersonnelle, ayant l'État*

---

[53] L'Arrêté interministériel n°2433/MCVT/MEF/MDGL/DC/SGM /DGI/SGDS/SA du 20 septembre 2024 portant tarifs, modalités de recouvrement et affectation de la redevance d'enlèvement des déchets, introduit une dimension « *capacité contributive* » dans le système de tarification du ramassage des déchets. Les tarifs sont déterminés « *en fonction du niveau d'aménagement de la zone géographique* », c'est-à-dire selon qu'on est dans un quartier résidentiel ou dans un quartier populaire (Article 2, arrêté n°2433/MCVT/MEF/MDGL/DC/SGM /DGI/SGDS/SA).

béninois comme actionnaire unique » (Article 3 des statuts approuvés par Décret N°2021-638 du 24 novembre 2021 portant approbation des statuts modifiés et augmentation du capital de la Société des infrastructures routières du Bénin, devenue «Société des infrastructures routières et de l'Aménagement du Territoire S.A.», par absorption de l'Agence du Cadre de Vie pour le Développement du Territoire) ou une entreprise privée à la laquelle est confiée la gestion d'un service public.

IV. La redevance-royalty

La redevance n'étant pas un impôt, elle n'est pas décrite dans le Code général des impôts. Le Code emploie le mot « redevance » pour désigner un système de rémunération des œuvres de l'esprit, le paiement de *royalties* aux auteurs d'œuvres artistiques ou littéraires. L'article 27-3 du Code dispose :

> *« Au sens du présent article, le terme « redevances » désigne les rémunérations de toute nature payées pour l'usage ou la concession de l'usage d'un droit d'auteur sur une œuvre littéraire, artistique ou scientifique, y compris les films cinématographiques, ou les films ou bandes utilisés pour les émissions radiophoniques ou télévisées, d'un brevet, d'une marque de fabrique ou de commerce, d'un dessin ou d'un modèle, d'un plan, d'une formule ou d'un procédé secrets, ainsi que pour l'usage ou la concession de l'usage d'un équipement industriel, commercial ou scientifique et pour des informations ayant trait à une expérience acquise dans le domaine industriel, commercial ou scientifique ».*

Paragraphe 4

La taxe parafiscale

En matière de taxe parafiscale, ce sont les textes communautaires de l'Union économique et monétaire ouest-africaine (UEMOA) et le droit national du Bénin qui nous donnent une présentation.

I. Énoncé

« Les taxes parafiscales perçues dans un intérêt économique ou social au profit d'une personne morale de droit public ou privé autre que l'État, les collectivités locales et leurs établissements publics administratifs, sont établies par décret pris sur rapport du ministre chargé des finances et du ministre intéressé. »

(Article 9-2, Directive n°06/2009/CM/UEMOA portant lois de finances au sein de l'UEMOA) Voir aussi l'article 11-3 de la Loi organique n° 2013-14 du 27 septembre 2013 relative aux lois de finances.

II. L'intérêt économique et social

La taxe parafiscale a pour but de servir l'interventionnisme économique et social des collectivités publiques. La taxe parafiscale permet de soutenir la chambre consulaire des industriels et commerçants du Bénin (cotisation annuelle fixée par l'arrêté interministériel n°1145/MIC/MEF/DC/SGM/SA/058SG G19 du 30 décembre 2019) ; elle permet de financer la régulation des marchés publics (Redevance de régulation fixée par Décret n°2018-223 du 13 juin 2013 portant attributions, organisation et fonctionnement de l'Autorité de régulation des marchés publics).

III. Les bénéficiaires

Les taxes parafiscales sont payées au profit des établissements industriels et commerciaux, des entreprises privées ou des associations de la loi 1901, intervenant dans le domaine économique ou social.

IV. Base légale

La taxe parafiscale est créée par décret pris sur rapport du ministre chargé des finances et du ministre intéressé. Toutefois, la continuation de la perception de la taxe parafiscale doit être autorisée après le 31 décembre de chaque année, par une loi de finances.

La notion de prélèvement obligatoire

La notion de prélèvements obligatoires a été proposée par l'Organisation pour la coopération et le développement économiques (OCDE) pour assurer des comparaisons internationales car la notion d'impôt est trop variable d'un système juridique à un autre. Le Bénin ni aucun pays membre de l'UEMOA n'est un État membre de l'OCDE.

L'objectif de l'OCDE est d'avoir un instrument de mesure du poids financier de l'administration de chaque pays.

« La définition des prélèvements obligatoires repose sur trois critères cumulatifs :

- *la nature des flux : il doit s'agir de versements effectifs ;*
- *les destinataires des versements : administration publique au sens de la comptabilité nationale (État, collectivités territoriales et organisme de sécurité sociale) et les institutions européennes ;*
- *le caractère obligatoire du versement : ce caractère obligatoire ne procède pas d'un critère juridique (ex. Contrat implique obligation de payer) mais d'un double*

critère économique tenant dans l'absence de choix du montant et des conditions de versement et dans l'inexistence de contrepartie directe.

Dès lors, la notion de prélèvements obligatoires ne couvre pas l'ensemble des recettes fiscales et sociales votées dans les lois de finances de l'État et dans les lois de financement de la Sécurité sociale. ».

Section 4

Les buts de l'impôt

L'impôt est une institution sociale qui vise l'atteinte de certains objectifs. On en citera quatre : l'objectif financier, l'objectif économique, l'objectif social et l'objectif environnemental.

Paragraphe 1

L'objectif financier

La Directive n°06/2009/CM/UEMOA portant loi de finances au sein de l'UEMOA (articles 6 et 8) de même que la loi organique n° 2013-14 du 27 septembre 2013 relative aux lois de finances (article 10) placent l'impôt au premier rang des recettes budgétaires. Cela peut signifier que la finalité normale, la finalité première de l'impôt est de fournir des recettes au financement des dépenses publiques. En cela, l'impôt est une contribution qui doit tenir compte de la capacité contributive des personnes assujetties.

I. L'impôt est une contribution

Étymologiquement, le mot contribution signifie *la part que l'on apporte à une œuvre commune*. L'impôt est ainsi ce que chaque contribuable apporte pour couvrir les dépenses publiques, c'est-à-dire les dépenses des collectivités publiques que sont l'État et les collectivités locales décentralisées. L'assiette, le taux et les modalités de recouvrement de cette contribution sont de la compétence exclusive de l'État (article 98 de la constitution). Cependant, on assiste à l'émergence d'un droit fiscal communautaire de l'UEMOA qui encadre le pouvoir fiscal des États membres. Dans le même sens, les conventions fiscales signées entre le Bénin et d'autres États apportent des dérogations à l'effectivité de la loi fiscale nationale.

II. La capacité contributive

À l'origine de l'idée de capacité contributive, il y a le souci de personnalisation de l'impôt pour plus de justice fiscale. La part que chaque contribuable apporte pour couvrir les dépenses publiques doit tenir compte de l'importance de ses revenus ou de ses activités. La prise en compte de cette préoccupation prend la forme de techniques fiscales nombreuses.

Paragraphe 2

L'objectif économique

Les théories libérales de la fin du 19ème et du début du 20ème siècles européens ont posé le principe de la neutralité économique de l'impôt. Après la crise économique de 1929, la reprise des économies occidentales a été favorisée par une fiscalité interventionniste à finalité économique.

I. La neutralité de l'impôt

La neutralité signifie que l'activité économique et les comportements des contribuables ainsi que la répartition des richesses entre les contribuables ne doivent pas être influencés ou modulés par les décisions fiscales de l'État. L'impôt ne doit pas être utilisé comme un instrument pour peser sur les choix économiques et sociaux ni pour introduire plus d'égalité dans la répartition des revenus des citoyens. La vie économique et sociale doit relever du libre jeu des forces du marché, des lois naturelles de l'économie.

II. La finalité économique de l'impôt

Il est généralement admis aujourd'hui que l'impôt entretient un lien étroit avec l'économie. Toutes les théories économiques, des libéraux aux keynésiens, des néolibéraux aux néokeynésiens, sont d'accord que l'impôt est aussi un instrument de politique économique aux mains des gouvernements. Selon qu'on augmente ou qu'on diminue la pression fiscale, selon les modulations intentionnelles de l'assiette, du taux ou du recouvrement des différents impôts, cela peut avoir des conséquences à court (régulation conjoncturelle), à moyen et à long terme : réforme structurelle de l'économie.

1. Impôt, régulateur conjoncturel

Lorsque les indicateurs macroéconomiques (inflation, croissance économique, emploi, l'épargne, etc.) se dégradent, l'impôt peut être mis à contribution pour retrouver des indicateurs plus intéressants. Ainsi, par circulaire n° 548 /MEF/CAB/SGM/DGI/DLC du 25 juin 2020, la Direction générale des impôts fait la synthèse des mesures fiscales prises par le gouvernement pour faire face aux conséquences négatives de la crise du COVID-19 sur la conjoncture économique.

La circulaire mentionne l'accélération des remboursements des crédits de TVA aux entreprises, l'exonération de la taxe sur les véhicules à moteur pour les activités de transport public de voyageurs, la déduction intégrale des dons faits à l'État (déduction du bénéfice imposable), suspension de l'application des pénalités, majorations, intérêts moratoires et autres frais de poursuite pour paiement tardif des impôts et taxes, dispense de pénalité pour le dépôt tardif des déclarations de résultats et des états financiers.

L'ensemble de ces mesures fiscales sont censées permettre aux entreprises d'améliorer leur trésorerie, de soutenir la production (croissance économique) et de ne pas licencier du personnel (emploi). L'impôt est donc réputé agir sur la croissance et l'emploi.

2. Impôt, instrument de politique économique structurelle

L'instrument privilégié de cette politique économique structurelle est le code des investissements. La loi n° 2020-02 du 20 mars 2020 portant Code des investissements en République du Bénin contient trois régimes privilégiés de base et deux régimes spéciaux qui se distinguent par les avantages fiscaux que le gouvernement accorde aux entreprises bénéficiaires de ces régimes dérogatoires par rapport aux autres entreprises soumises aux dispositions normales du Code général des impôts. La durée du bénéfice des avantages fiscaux (importation hors taxe de matières premières et des équipements industriels, exemption de l'impôt sur le bénéfice pendant la durée du bénéfice de l'agrément au Code des investissements), varie selon que l'entreprise industrielle s'installe en zone 1, en zone 2 ou en zone 3. La durée du bénéfice des avantages fiscaux est la plus longue pour les entreprises en zone 3 (12 ans pour le régime B, 17 ans pour le régime C) considérée comme la zone la plus défavorisée du Bénin en termes d'infrastructures de développement et d'emploi industriel.

Le code des investissements a vocation à encourager la création et le développement des activités visant à :

« - favoriser la création d'emplois durables et décents, la formation des cadres nationaux et l'émergence d'une main-d'œuvre nationale qualifiée ; favoriser la création d'activités à forte valeur ajoutée ;

- encourager l'utilisation et la valorisation des ressources naturelles et des matières premières locales en priorité ;

- favoriser la restructuration, la compétitivité, l'intégration et la croissance des entreprises ;

- favoriser la promotion de l'industrie verte et la protection de l'environnement ;

- encourager la décentralisation des activités économiques ;

- développer l'industrialisation et les exportations ;

- promouvoir certains grands travaux ;

- encourager le transfert de compétences et de technologie ;

- développer les secteurs tels que le tourisme, l'agriculture, certaines infrastructures pour l'industrie ou le commerce, l'économie numérique, l'énergie, le cadre de vie, l'eau potable, et tout projet éducatif orienté vers la formation professionnelle, la recherche appliquée et l'innovation ;

- développer tous autres secteurs ou activités jugés prioritaires par décret pris en Conseil des ministres. »

D'une manière générale, le nouveau Code général des impôts (Loi n° 2021-15 du 23 décembre 2021) est censé favoriser « *la mise en place d'une fiscalité productive et ouverte à l'investissement privé, national et international* » (Exposé des motifs du projet de loi portant Code général des impôts).

III. La finalité sociale de l'impôt

Au fondement de la finalité sociale de l'impôt, il y a l'idée de redistribution sociale que l'on veut conférer à l'impôt.

1. La prise en compte de la capacité contributive

Les inégalités de richesse existent dans la société. L'impôt prend en compte cette réalité sociale objective et aménage des techniques pour faire payer davantage les riches et beaucoup moins les pauvres. Par exemple, les salaires inférieurs ou égaux à 60.000 francs ne paient pas l'impôt sur les traitements et salaires. Mais les tranches de salaire supérieur à 60.000 francs supportent un impôt progressif allant de 10% à 19%. Lorsque le salaire dépasse 500.000 francs, le taux d'imposition est de 30% pour la tranche au-dessus de 500.000 francs (Article 125, CGI) ;

2. L'exigence de solidarité entre les hommes

Les sociétés contemporaines sont caractérisées par l'importance des inégalités sociales. Selon un auteur indien, huit (8) milliardaires contrôlent en 2017 *autant de richesse que la moitié la moins riche de l'humanité*.[54]

---

[54] V. SHIVA, *1%, Reprendre le pouvoir face à la toute-puissance des riches*, Paris, Rue de l'Échiquier, 2019, p.12

D'autres auteurs protestent contre « *l'insoutenable inégalité* »[55], tandis que l'économiste français Thomas Piketty s'efforce de démontrer que les évolutions contemporaines traduisent une tendance lourde :

> « *Le capitalisme produit mécaniquement des inégalités insoutenables, arbitraires, remettant radicalement en cause les valeurs méritocratiques sur lesquelles se fondent nos sociétés démocratiques* ».[56]

Pour le prix Nobel d'économie Joseph STIGLITZ, « *les valeurs universelles d'équité sont sacrifiées sur l'autel de la cupidité de quelques-uns.* »[57] On comprend pourquoi, dans le cadre de l'OCDE, a été signé en 2021, un accord approuvé par 136 pays. Cet accord permet de « *réattribuer à des pays du monde entier plus de 125 milliards USD de bénéfices d'environ 100 entreprises multinationales parmi les plus grandes et les plus rentables au monde, de sorte que ces entreprises acquittent leur juste part de l'impôt.* »[58] Au mépris de la rigidité du principe de territorialité, l'impôt est sollicité pour répondre au besoin d'établir plus de solidarité entre les hommes et entre les peuples.

3. La stigmatisation de la fortune des individus

Au-delà de l'exigence de solidarité, certains auteurs et acteurs politiques pensent que les personnes disposant d'un patrimoine important doivent payer un impôt spécial qui ne concerne que cette catégorie de personnes fortunées. On l'a

---

[55] L. CHANCEL, *Insoutenables inégalités. Pour une justice sociale et environnementale,* Paris, Les Petits Matins, 2021.

[56] Th. PIKETTY, *Le capital au XXIème siècle*, Paris, Éditions du Seuil, 2013, p.16.

[57] J. STIGLITZ, *Le prix de l'inégalité*, Paris, Babel, 2012, p.8.

[58] https://www.oecd.org/fr consulté le 12 mars 2022.

appelé l'Impôt sur les Grandes Fortunes (IGF) puis l'Impôt sur la Fortune (ISF).[59] Cet impôt est contraire aux idées des partisans de la « *théorie du ruissellement* » (*trickle-down theory*). La fiscalité béninoise ne comporte aucun exemple d'une telle imposition des gens très aisés.

IV. La finalité environnementale de l'impôt ou l'éco-fiscalité

La loi n° 98-030 du 12 février 1999 portant loi-cadre sur l'environnement dispose en son article 105 que :

> *« Des mesures d'incitation fiscale visant à associer le secteur privé et les entreprises publiques à l'exécution de la présente loi pourront être prises par loi de finances. Les modalités d'application de ces mesures, notamment celles favorisant la mise en œuvre d'écotechnologies, sont fixées par décret pris en conseil des ministres. »*

En pratique, l'impôt joue à la fois un rôle positif d'incitation mais sert aussi à sanctionner les comportements pouvant être préjudiciables à l'environnement.

---

[59] A. VERDIER-MOLINIE et B. NOUEL, « Il aurait mieux valu supprimer l'ISF ! » *in* revue française *Construction,* 2018/1, n°49 pages 59 à 62. « *Pour récolter 850 millions d'euros dans le cadre d'un processus administratif terriblement complexe, le gouvernement a remplacé l'impôt de solidarité sur la fortune par l'impôt sur la fortune immobilière (...) Les mécanismes prévus par la loi sont fort complexes et vont soulever de nombreuses difficultés pratiques pour les contribuables passibles de l'IFI (...) La suppression (et non la transformation) de l'ISF aurait dû permettre le retour à terme des 200 à 300 milliards d'euros qui ont fui la France à cause de cet impôt.* »

1. Le principe du pollueur-payeur

L'article 15-2 de la loi-cadre sur l'environnement dispose que :

> « *Quiconque se rend coupable d'une* pollution *de l'environnement est tenu d'en réparer les conséquences conformément aux dispositions de la présente loi et des règlements y afférents et sans préjudice de l'application à son encontre des dispositions du code pénal.* »

En conséquence, le prélèvement et le transport du bois à des fins d'autoconsommation sont limités à deux fagots de bois par véhicule *pick up* contre une taxe allant de 1.100 FCFA à 1.470 FCFA (Arrêté interministériel n°0040/ MEPN/MDGLAAT/DC/SGM/DGFRN/SA du 29 juin 2009 déterminant les types, modèles et modalités de délivrance et de contrôle des coupons de transport du bois en République du Bénin).

> *« Quiconque aura coupé ou enlevé des arbres, les aura mutilés, ébranchés, écorcés, incinérés abusivement ou exploité des produits forestiers accessoires sans y avoir été autorisé et sans jouir du droit d'usage est puni d'une amende de 5.000 à 50.000 FCFA et d'un emprisonnement de quinze jours à six mois ou de l'une de ces deux peines seulement » (Article 88, Loi n°93-009 du 2 juillet 1993 portant régime des forêts en République du Bénin).*

L'ensemble de ces dispositions a été rappelé par la Note Circulaire n°0037/DGEFC/DBEVRF/ DLPFC/SA du 17 janvier 2025, signée par le Directeur Général des Eaux, Forêts et Chasse. Selon cette note :

> *« Les quantités fixées pour l'autoconsommation des citoyens sont destinées à limiter la surexploitation des ressources forestières, garantir une gestion durable des produits issus de la filière bois énergie et appliquer les dispositions de la loi. Ce qui amène à l'économie verte qui entraîne une amélioration du bien-être humain*

et de l'équité sociale tout en réduisant de manière significative les risques environnementaux et la pénurie de ressources. Au sein de l'économie verte, les éco-activités s'attachent donc directement à la restauration ou à la protection de l'environnement *et la préservation des* ressources naturelles *et humaines, surtout quand elles sont pas, peu, difficilement, lentement ou coûteusement renouvelables. Elles cherchent à réduire l'*empreinte écologique *des produits ou services qu'elles proposent. »*

2. L'incitation fiscale pour les véhicules moins polluants

Pour la qualité de l'air et la réduction de la pollution atmosphérique, le gouvernement fait la promotion des véhicules et camion à l'état neuf (Loi n°2021-16 du 23 décembre 2021 portant loi de finances pour la gestion 2022 : les camions neufs importés, fabriqués ou vendus à l'état neuf sont exonérés de tous droits et taxes de douane et de la taxe sur la valeur ajoutée; les véhicules neufs à quatre roues importés, fabriqués ou vendus à l'état neuf et destinés à la mise en place d'une flotte de taxis dans les grandes villes sont exonérés de tous droits et taxes de douane et de la taxe sur la valeur ajoutée ; les voitures de tourisme et autres véhicules automobiles conçus pour le transport des personnes subissent un abattement sur la valeur en douane de : - 100% pour les voitures électriques à l'état neuf, - 95% pour les voitures hybrides è l'état neuf, - 90% pour les voitures à l'état neuf et subissent aussi l'exonération de la taxe sur la valeur ajoutée perçue ou cordon douanier ; les autobus, autocars et minibus de toutes catégories, importés, fabriqués ou vendus à l'état neuf et destinés au transport en commun sont exonérés de tous droits et taxes de douane et de la taxe sur la valeur ajoutée).

3. L'incitation fiscale pour l'utilisation du gaz domestique

Loi n°2021-16 du 23 décembre 2021 portant loi de finances pour la gestion 2022. L'utilisation du gaz domestique plutôt que le bois énergie est encouragé pour réduire la déforestation préjudiciable au climat et aux écosystèmes terrestres : les récipients pour gaz comprimés ou liquéfiés, en fonte, fer ou acier et les accessoires (brûleurs, supports marmites pour les bouteilles de 3 et 6 kg, tuyaux, raccords, détendeurs, réchauds à gaz sans four et robinet-détendeurs pour gaz domestique), importés, fabriqués ou vendus en République du Bénin sont exonérés de tous droits et taxes de douane et de la taxe sur la valeur ajoutée.

Section 5

La typologie de l'impôt

Les classifications de l'impôt se font selon plusieurs grilles par grandes catégories. Il existe une classification administrative, une classification économique et une classification technique de l'impôt.

Paragraphe 1

La classification administrative

Elle permet de classer des impôts selon la collectivité publique bénéficiaire.

I. Les impôts d'État et les impôts locaux

Les impôts d'État sont les impôts dont le produit est reversé au Trésor public pour financer les dépenses prévues au titre de la loi de finances de l'année : Impôt sur les sociétés (IS), Impôt sur les traitements et salaires (ITS), etc.

Quant aux impôts locaux, ils servent à financer les budgets des collectivités territoriales locales que sont les communes : contribution au développement local (CDL), etc.

II. Les impôts communautaires

Ils sont perçus au profit des organisations d'intégration régionale auxquelles le Bénin est partie. Il s'agit de l'Union économique et monétaire ouest-africaine (UEMOA), de la Communauté économique des États de l'Afrique de l'ouest (CEDEAO).

Les budgets de la Commission de l'UEMOA et de la CEDEAO sont alimentés par des prélèvements effectués sur les importations de marchandises provenant des États tiers, au niveau des recettes douanières béninoises, au profit des budgets desdites Commissions.

Ce sont le Prélèvement communautaire de solidarité (PCS) pour ce qui concerne l'UEMOA ; le Prélèvement communautaire (PC) qui alimente le budget de la CEDEAO. On cite aussi le prélèvement de solidarité (PS) affecté au budget de l'Union Africaine.

Paragraphe 2

La classification économique

La classification économique repose sur trois critères : les éléments économiques taxés, les facteurs et acteurs économiques supportant la taxation, et l'objet ou la catégorie socio-économique visée par la taxation.

I. La classification en fonction des éléments économiques taxés

Selon cette classification, on distingue :

- les impôts sur le revenu : Impôt sur les traitements et salaires, impôt sur le revenu des capitaux mobiliers, etc.
- les impôts sur la dépense : TVA, etc.
- les impôts sur le capital : Taxe foncière unique, etc.

1. Les impôts sur le revenu

Le revenu est un gain tiré du travail ou du capital, que ce gain soit périodique ou exceptionnel.

Le salaire et le bénéfice d'une exploitation (loyers ou bénéfice des sociétés) sont les revenus les plus courants. Ils sont périodiques et stables. Les plus-values de cessions ou les profits réalisés dans une opération en bourse sont également des revenus, moins stables et non-périodiques.

2. L'impôt sur la dépense

La dépense, c'est la richesse en circulation. C'est l'argent qui quitte un patrimoine pour aller dans un autre patrimoine. L'exemple type de l'impôt sur la dépense est la TVA.

3. L'impôt sur le capital

Le capital, c'est la richesse acquise, que ce soit un immeuble, l'argent en compte bancaire ou des biens meubles décoratifs de grande valeur.

II. La classification en fonction des acteurs économiques

Cette classification permet de distinguer les impôts pesant sur les ménages, les impôts à la charge des entreprises, et les impôts assis sur les produits.

1. Les impôts pesant sur les ménages

Il s'agit à la fois des ménages et des individus. Le ménage est une unité économique de base. C'est la cellule familiale au sens du droit civil. Les ménages ont un revenu calculé sur la base des revenus des personnes qui les composent. Dans un but de justice sociale, les ménages à plusieurs enfants payent moins d'impôt sur le revenu de ménage que les ménages sans enfants ou à enfant unique.

2. Les impôts à la charge des entreprises

L'entreprise est une unité de production de biens et de services. C'est un maillon de la chaîne économique nationale. La politique fiscale en matière d'impôt à la charge des entreprises, reflète un souci de favoriser la transformation locale des produits primaires et l'implantation des entreprises dans les zones économiquement défavorisées.

3. Les impôts sur les produits

Les biens et services marchands sont assujettis à l'impôt en tant que biens et en tant que produits. C'est à ce titre qu'on cite les impôts sur les boissons, sur le ciment, ou sur les hydrocarbures.

III. Classification en fonction des secteurs économiques

L'économie est un tissu de production et de distribution de biens et de services les plus divers. A l'intérieur de cet ensemble global, on distingue, cependant, des secteurs d'activités et des compartiments économiques. On peut ainsi citer : la fiscalité agricole, la fiscalité des assurances, la fiscalité personnelle, la fiscalité bancaire, la fiscalité minière, la fiscalité des hydrocarbures, la fiscalité des GSM (*Global System of Mobile Communications*), la fiscalité du tourisme.

En raison du particularisme de chaque secteur, de son impact économique, humain ou environnemental, le système de taxation peut varier.

Paragraphe 3

La classification technique

Elle est dite technique parce qu'elle met en jeu les modalités administratives de taxation. La classification technique est la plus ancienne. On peut dire que c'est la classification classique de l'impôt. Cette classification permet de distinguer : les impôts directs des impôts indirects, les impôts réels des impôts personnels, les impôts proportionnels des impôts progressifs, les impôts spécifiques des impôts *ad valorem*, les impôts analytiques des impôts synthétiques, les impôts de répartition des impôts de quotité.

I. Impôt direct et impôt indirect

On peut utiliser deux critères historiques pour distinguer l'impôt direct de l'impôt indirect.

1. Le critère du rôle

Le rôle est un registre sur lequel figurent la liste des contribuables, les bases d'imposition ainsi que le montant des sommes dues par chaque contribuable. La distinction entre impôt direct et impôt indirect, repose sur l'établissement ou non d'un rôle. Les impôts recouvrés par voie de rôle sont des impôts directs. Au contraire, les impôts pour lesquels l'administration n'établit pas de rôle sont des impôts indirects.

Ce critère basé sur un registre pourra connaître des aménagements ou des distorsions en raison de l'importance du numérique et du digital dans la gestion des administrations fiscales.

2. Le critère de l'incidence de l'impôt

Ce critère renvoie à la distinction entre le redevable et le contribuable-assujetti. Le redevable est celui qui est connu dans les livres de l'administration fiscale, celui qui, personne physique ou personne morale, effectue l'opération matérielle de paiement de l'impôt, que ce soit au guichet des comptables du Trésor ou sur une plateforme électronique de paiement en ligne. Le redevable est ainsi une notion juridique. Il répond à la question de *qui doit faire quoi* ? Le contribuable est une notion plutôt économique. Il désigne une réalité économique et financière : qui supporte l'impôt sur ses ressources ou sur son patrimoine ?

En matière d'impôt direct, le redevable est aussi le contribuable. Il est celui qui paie et aussi celui qui supporte la charge financière qui découle de l'imposition. S'agissant des impôts indirects, le contribuable est différent du redevable. Le redevable est un pré-collecteur d'impôt qui se charge d'aller verser au comptable du Trésor une somme prélevée en amont par lui mais dont la charge sera supportée en aval par le consommateur final (TVA, droits d'accise).

II. Impôt réel et impôt personnel

L'impôt réel frappe les éléments du patrimoine sans considération de la situation personnelle du contribuable. Il présente la particularité de s'intéresser exclusivement à un bien. On dit dans ce cas que l'imposition est faite *ratione materiae*. L'impôt réel présente, au plan administratif, l'avantage de la simplicité et de la maîtrise du coût administratif. Il a cependant l'inconvénient de comporter des germes d'une injustice fiscale : les impôts fonciers, la taxe sur les véhicules à moteur, etc.

L'impôt personnel *stricto sensu* est une imposition de l'être humain en tant qu'il est un être humain vivant en société. On peut citer l'impôt de capitation (latin *capitatio*, taxe par tête) créé sur le territoire colonial du Dahomey et qui deviendra la taxe civique jusqu'à sa suppression en

2003. Les tarifs de la taxe civique étaient "*fixés chaque année par les conseils municipaux dans les limites prévues par les lois de finances*" (Article 972, Ordonnance n°2 PR/MFAE du 10 janvier 1966 portant codification des impôts directs et indirects, J.O. n°5 du 1er mars 1966).

Au sens large, l'impôt personnel est un impôt réel qui s'intéresse en plus à la personne du contribuable. Il prend en compte l'envergure du patrimoine et la situation particulière du contribuable. C'est la personnalisation de l'impôt. L'impôt personnel présente un avantage de justice : l'impôt sur les traitements et salaires.

III. Impôt proportionnel et impôt progressif

L'impôt proportionnel fait entrer en ligne de compte un taux unique qui est appliqué à la base imposable, quelles que soient les considérations liées à la personne du contribuable. L'impôt proportionnel est un impôt *a priori* juste, dans la mesure où c'est un impôt neutre qui n'a pas pour conséquence de modifier la répartition des revenus dans la société. Le taux de l'impôt est unique et s'applique à toutes les bases imposables : Taux de 18% pour la TVA. Le mécanisme de l'impôt proportionnel est simple et d'application facile pour les administrations fiscales.

Cependant, en pratique, c'est un impôt injuste, un système de taxation inéquitable parce qu'il ne prend pas en compte la capacité contributive de chaque contribuable.

L'impôt progressif est un impôt pour lequel il est créé des bases d'impositions multiples. Un taux différent est appliqué à chaque base d'imposition. Il s'agit d'un fractionnement de la base d'imposition par tranche. L'impôt progressif applique des taux de plus en plus élevés au fur et à mesure que la base d'imposition augmente. D'où le caractère progressif de cet impôt : Impôt sur les traitements et salaires (0% pour la tranche inférieure ou égale à 60 000 francs CFA ; 10% pour la tranche comprise entre 60 001 et 150 000 francs CFA ; 15% pour la tranche comprise entre 150 001 et 250 000 francs CFA ; 19% pour la tranche comprise entre 250 001 et 500 000 francs CFA ; 30% pour la tranche supérieure à 500 000 francs CFA).

IV. Impôt spécifique et impôt *ad valorem*

L'impôt est dit spécifique lorsqu'il est calculé par application d'un montant fixe par unité de produit. C'est l'unité matérielle d'un produit qui est visée par la loi fiscale. Le montant de l'impôt spécifique est donc obtenu en multipliant un poids, un volume, une surface ou simplement un nombre (par pièce, par douzaine ou par centaine) par une somme donnée : Taxe spécifique unique sur les produits pétroliers (65 francs CFA/litre pour le super carburant ; 55 francs CFA/litre pour l'essence ordinaire ; 0 franc/litre pour le pétrole ; 20 francs CFA/litre pour le gas-oil ; 17 francs CFA/litre pour les lubrifiants (huiles) ; 0 franc/litre pour le fuel-oil ; 23 francs CFA/kg pour les graisses ; 0 franc/kg pour le pétrole liquéfié).[60]

Les impôts *ad valorem* sont, quant à eux, calculés par application d'un tarif à la base imposable. Ce procédé est le plus communément utilisé : impôt sur les sociétés (25% pour les industries, 30% pour les entreprises du secteur tertiaire).

[60] L'ancien Code général des impôts comportait une taxe sur les boissons (francs par volume) ; une taxe sur le ciment (francs par tonne) ; une taxe sur les tissus fabriqués au Bénin (francs par mètre de tissu).

Le législateur peut choisir de cumuler, pour un même produit, l'imposition *ad valorem* et l'imposition spécifique. Dans l'ancien Code général des impôts (Article 267, Ordonnance n°2 PR/MFAE du 10 janvier 1966 portant codification des impôts directs et indirects, J.O. n°5 du 1er mars 1966), les industries productrices de boissons hygiéniques et de bières devaient payer à la fois un impôt spécifique assis sur le volume des ventes : bouteille de 33 centilitres (13 francs pour la bière) et bouteille de 66 centilitres (20 francs pour la bière) ; en même temps que ses industries de boissons devaient évidemment payer des impôts *ad valorem* : impôt sur le bénéfice industriel et commercial, impôt sur les salaires par exemple.

V. Impôt analytique et impôt synthétique

L'impôt analytique est un impôt assis sur les éléments d'un patrimoine ou sur une opération isolée, spécifique. Chaque matière imposable est distinguée pour être imposée de manière spécifique. L'impôt analytique a l'avantage de la visibilité pour le contribuable et pour l'État, cela permet de moduler sa politique fiscale en imposant lourdement ou faiblement des segments de revenus ou de patrimoines : Taxe sur les véhicules à moteur, taxe sur le tabac.

Par contre, l'impôt synthétique associe un ensemble d'opérations ou de revenus qui est imposé en une seule fois : la taxe professionnelle unique (TPU) associe, en une seule taxation, quatre impôts (l'impôt sur les bénéfices d'affaires ; la contribution des patentes ; la contribution des licences ; le versement patronal sur les salaires).

VI. Impôt de répartition et impôt de quotité

Pour les impôts de répartition, il n'existe pas un taux d'imposition fixé à l'avance par la loi. La technique consiste d'abord à adopter le montant de la recette budgétaire attendue (le contingent). Une fois cette cagnotte initiale connue, il est ensuite procédé à sa répartition en fixant un taux d'imposition applicable aux contribuables.

En d'autres termes, la répartition est un système où le bénéficiaire de l'impôt (État ou collectivité territoriale locale) se contente de fixer chaque année, le montant total de recettes fiscales dont il a besoin. Ce produit total fixé et attendu est réparti entre les contribuables concernés par l'administration fiscale. C'est un vieux système français (notamment pour les collectivités territoriales locales jusqu'en 1980) qui consiste donc à inverser la procédure d'établissement de l'impôt.

Le système de la quotité consiste à définir, par avance, un taux d'imposition qui sera ensuite appliqué à la matière imposable. C'est le système admis en droit fiscal positif béninois.

Chapitre II

L'établissement de l'impôt

L'établissement de l'impôt équivaut à une succession de techniques fiscales qui constituent les mécanismes généraux de l'imposition. On peut citer l'assiette, la liquidation, le recouvrement et le contentieux de l'impôt.

Section 1

L'assiette de l'impôt

Asseoir l'impôt, c'est se livrer à une opération en quatre temps : déterminer la matière imposable, évaluer cette matière imposable, déterminer le fait générateur, enfin, déterminer le redevable.

Paragraphe 1

La détermination de la matière imposable

C'est un exercice que la constitution confie au législateur (article 98, constitution). Il s'agit, pour l'Assemblée nationale, de décider quelles sont les matières qui doivent supporter un impôt au Bénin. La notion de matière en droit fiscal est assez large. Il peut s'agir d'une activité ou d'une catégorie d'opération. Il peut s´agir également d´un bien comme un immeuble. Il appartient au législateur de qualifier juridiquement une matière en vue de son imposition.

Les principales matières ciblées par le législateur béninois sont : le salaire, le bénéfice, la terre (construite ou non), la pirogue, le fusil, la dépense, etc.

En revanche, la bicyclette, la houe, la pioche, etc. ne subissent pas des impositions spécifiques.

Paragraphe 2

L'évaluation de la matière imposable

Dans notre système fiscal à dominante *ad valorem*, la matière imposable n'a d'intérêt que dans la mesure où on lui donne une valeur chiffrée. C'est cette valeur chiffrée qui constitue la base imposable nécessaire pour poursuivre la procédure d'imposition. Se posent alors deux questions : qui fait l'évaluation et quels sont les techniques d'évaluation ?

I. Qui fait l'évaluation ?

L'évaluation peut être faite par le contribuable (le système de la déclaration) par le contribuable et l'administration fiscale (le système de la déclaration contrôlée) ou par l'administration fiscale seule (l'évaluation d'office)

1. La déclaration

Le système déclaratif autorise le contribuable à établir lui-même puis informer l'administration fiscale des éléments servant de base au calcul de l'impôt dû. Cette déclaration faite par le contribuable bénéficie d'une présomption d'exactitude et de sincérité. Le système déclaratif repose sur une administration de confiance et plus généralement une société de confiance. [61]

Comment évaluer la confiance :
l'expérience des Trustlabs

« Dans une étude basée sur le projet Trustlab, un programme international sur la confiance mené à bien dans six pays de l'OCDE entre novembre 2016 et novembre 2017 (Allemagne, Corée, États-Unis, France, Italie et Slovénie), l'OCDE identifie une série de déterminants de la confiance qui l'amène à faire les observations suivantes : (i) la perception

---

[61] Pour le philosophe, la société de confiance est à deux niveaux : « *Au premier étage, la loyauté de la parole : ce qui est dit est vrai, l'engagement et la promesse seront tenus. Cela se traduit concrètement par le non-mensonge, qui n'est pas la transparence, cette dernière étant source de violence. Au second étage, nous atteignons le niveau de la confiance dans la prise de risque, l'alliance passée avec l'autre pour la réalisation d'un projet complexe et risqué qui ne réussira que grâce à la non-trahison des règles définies ensemble.* » G. Le Cardinal, « La confiance au fondement de la société », *in* Revue *Projet* 2006/4 n° 293, p.65.

des performances des institutions est étroitement liée à la confiance à la fois dans les pouvoirs publics et dans autrui (ii) la perception de l'intégrité des pouvoirs publics est le principal déterminant de la confiance qui leur est accordée (iii) outre les indicateurs associés au capital social, comme les relations de voisinage et l'attitude vis-à-vis de l'immigration, la perception de la satisfaction à l'égard des services publics, les préférences sociales et les attentes influent sur la confiance en autrui (iv) l'action des pouvoirs publics est cruciale, dans la mesure où la progression d'un écart-type de tous les déterminants majeurs de la confiance dans les institutions peut se traduire par une augmentation de la confiance de 30 à 60 % » (Murti, F., et al. (2018), « Trust and its determinants : Evidence from the Trustlab experiment », OECD Statistics Working Papers, n° 2018/02, Éditions OCDE, Paris).

2. La déclaration contrôlée

Elle comporte deux phases : une évaluation faite par le contribuable lui-même. Évaluation suivie d'une appréciation *a posteriori* de l'exactitude et de la sincérité des éléments d'imposition.

La déclaration contrôlée est la règle dans le système fiscal du Bénin. Elle constitue aussi la technique de droit commun en matière de constatation et d'évaluation de la matière imposable. Le contribuable fournit les informations nécessaires (montant du revenu ou du bénéfice, les charges de famille ou les charges déductibles, etc.) à l'établissement de la base imposable. Ce système présente l'avantage d'alléger la tâche de l'administration fiscale qui va se concentrer, à ce stade, à la recherche des incohérences ou des inexactitudes criardes.

3. L'évaluation unilatérale

Elle est faite par l'Administration fiscale qui, en ce cas, ne prend pas en compte les éléments fournis ou non par le contribuable. En matière foncière, par exemple, la valeur des propriétés foncières non bâties est déterminée par l'Administration fiscale en se fondant sur la méthode cadastrale[62] ou, à défaut, sur la base des valeurs inscrites sur les titres de cession des terrains. De même, en matière de droits de mutation, l'Administration fiscale a la compétence de déterminer la valeur de la propriété foncière bâtie par sondage sur les valeurs communément pratiquées sur le marché immobilier. **Par ailleurs, l'évaluation unilatérale** peut se présenter comme une exception à **la déclaration controlée**, étant donné que l'administration fiscale détermine d'office les bases d'imposition des contribuables qui, entre autres, n'ont pas déposé dans le délai légal des déclarations qu'ils sont tenus de souscrire (article 564 du code général des impôts).

---

[62] La méthode comporte trois phases : *d'abord*, le r**ecueil des données cadastrales** (les caractéristiques des terrains ou bâtiments (superficie, usage, localisation, etc.) sont extraites des registres cadastraux ; les valeurs sont parfois ajustées en fonction de l'année de référence et des révisions cadastrales) ; *ensuite*, l'**Application d'un tarif au mètre carré** (chaque bien est associé à une catégorie ou une zone cadastrale ; les tarifs établis pour ces catégories sont appliqués pour calculer la valeur) ; *enfin*, la p**rise en compte des coefficients** (des coefficients correctifs peuvent être appliqués selon des critères spécifiques, tels que l'état du bien, la qualité des infrastructures, ou encore des aspects environnementaux).

II. Les techniques d'évaluation

Les techniques d'évaluation répondent à la question du *comment évalue-t-on* ? C'est un exercice technique qui s'adapte bien à la nature de l'Administration fiscale et à sa technicité. Les techniques d'évaluation se regroupent en deux grandes familles : les évaluations directes et les évaluations automatiques ou par références.

1. Les évaluations directes

Elles conduisent à appréhender directement la matière imposable. Elles sont précédées de la connaissance de la matière d'imposition, des possibilités d'accès, des moyens d'investigation et d'appréciation. Elles comportent deux modalités : la déclaration et l'évaluation administrative.

▶ La déclaration

Elle est faite par le contribuable qui porte à l'attention de l'Administration fiscale les informations de patrimoine ou de revenus nécessaires au calcul de l'impôt. Il s'agit concrètement de faire fournir par les contribuables des armes qui serviront à les frapper. On comprend que tout contribuable placé dans une telle situation est tentée par une mauvaise collaboration, une déclaration incomplète ou, plus précisément, la fraude fiscale. La déclaration simple ne saurait ainsi, à elle seule, permettre d'atteindre l'objectif visé, à savoir la qualité des informations fournies, leur exactitude pour une évaluation parfaite. Dès lors, il est judicieux d'assortir la déclaration d'un contrôle suffisant, ce qui conduit au système de la **déclaration contrôlée**. Le système de la déclaration contrôlée est la technique d'évaluation normale en droit fiscal du Bénin. Elle se justifie par les erreurs intentionnelles des contribuables mais aussi par des erreurs imputables à l'ignorance ou le manque d'attention. En tout état de cause, la déclaration contrôlée gagne davantage en efficacité et en fiabilité lorsqu'elle émane d'un tiers. Il en est ainsi déjà pour les revenus salariaux, les revenus des titres et placements financiers, les revenus des baux d'immeubles bâtis qui sont respectivement déclarés et payés par les employeurs, les banques domiciliaires des créances et les locataires.

▶ **L'évaluation administrative**

L'Administration fiscale se confie le soin de procéder à l'évaluation de la matière imposable. Son pouvoir d'appréciation de la matière imposable se fait selon tous les moyens que les textes lui mettent à disposition. L'évaluation devient autoritaire et accroît la puissance de l'Administration fiscale au détriment des droits des contribuables. Cette technique est utilisée notamment dans l'hypothèse de la *taxation d'office* qui est une forme de sanction, applicable dans les conditions limitativement prévues par le Livre 5 : Procédures fiscales du CGI : lorsque le contribuable a omis de déposer ou a déposé avec retard les déclarations prévues par la loi fiscale ; lorsque le contribuable s'abstient de répondre aux demandes d'éclaircissements ou de justifications.

2. Les évaluations automatiques ou par référence

Ces techniques conduisent à saisir la référence à un signe ou à une valeur connue pour finalement donner lieu à une évaluation moyenne. Cette évaluation moyenne pourra paraître insuffisante ou excessive parce que certaines bases d'imposition seront en deçà ou au-delà de cette moyenne. Les évaluations automatiques comportent deux modalités : l'indice et le forfait.

▶ L'indice

Cette technique consiste à asseoir l'impôt sur des signes extérieurs à défaut d'atteindre directement la faculté contributive cachée du contribuable. La loi fiscale définit une base d'imposition selon sa nature, mais fixe son montant en se référant à un *signe extérieur* (voir art. 64 et suiv. CGI).

▶ Le forfait

Pour les fiscalistes, la forfait permet l'évaluation d'ensemble de la matière imposable en se référant à une seule ou plusieurs réalités connues. Le forfait est un mode d'évaluation à prix fait, sans estimation préalable, à perte ou à gain. Il y a le forfait de la taxe professionnelle synthétique (TPS) qui s'oppose au régime du bénéfice réel (article 183 CGI). La taxe professionnelle synthétique est déterminée par application au montant des recettes annuelles, d'un taux de 5%.).

Les différents types de forfait

- Le forfait légal : les données servant à l'appréciation sont fixées par la loi. Pour l'estimation de la base imposable de l'Impôt sur les traitements et salaires, les l'estimation des avantages en nature est faite sur la base de pourcentage fixés par la loi pour chaque catégorie d'avantage en nature : électricité, eau, téléphone, logement, etc. (Article 123, CGI).
- Le forfait conventionnel : il est le produit d'un accord entre l'Administration fiscale et le contribuable.

Paragraphe 3

La détermination du fait générateur

Le fait générateur de l'imposition est précisé par le Code général des impôts : article 321 pour les droits d'enregistrement, article 235 pour la TVA et ainsi de suite. Il s'agit d'extraire de la diversité de situations visées par la loi, un substrat commun qui pourrait s'appliquer à toutes. En guise de synthèse, on dira que le fait générateur est un événement qui, lorsqu'il se produit, donne naissance à l'obligation fiscale entre la collectivité publique et le contribuable. L'événement visé dans le Code général des impôts peut être soit un acte juridique (notification d'un contrat public), soit une opération économique (livraison de marchandises), soit une situation comptable (le bénéfice réalisé par l'entreprise selon les articles 20 et suivants du Code général des impôts).

Paragraphe 4

Le redevable de l'impôt et l'incidence de l'impôt

I. Le redevable de l'impôt

Le Code général des impôts désigne expressément les personnes morales ou physiques qui doivent, à échéance, payer l'impôt dû, sous peine de sanction. Le propriétaire d'un terrain bâti, le propriétaire d'un terrain non-bâti, l'entreprise qui a vendu des marchandises soumises à la TVA ou l'institution financière qui héberge le placement financier de son client. Cependant, le redevable peut n'être qu'un intermédiaire, notamment en matière d'impôt indirect ou de prélèvement à la source. Le poids financier réel de l'impôt peut, quant à lui, reposer sur une autre personne, ou une autre catégorie de personnes.

II. L'incidence de l'impôt

La distinction entre le redevable et l'incidence fiscale est intéressante en raison du phénomène de *translation fiscale*. Celui qui paie l'impôt essaie d'en faire supporter la charge par d'autres personnes, de réaliser une sorte de *neutralité* fiscale sur ses comptes. Cette neutralité fiscale est de droit en matière de TVA ou d'impôt sur les capitaux mobiliers (article 68, CGI) par exemple. Elle devient un exercice risqué économiquement (dans un contexte de concurrence parfaite) pour optimiser les marges bénéficiaires en jouant sur les prix de vente ou sur les autres coûts des facteurs. L'augmentation des prix ou le gel (total ou partiel) des salaires sont des manières de conserver les niveaux de bénéfices des années précédentes, malgré un bond des taux d'imposition sur le bénéfice industriel et commercial.

Section 2

La liquidation de l'impôt

Quand l'assiette est connue et qu'on a déterminé la valeur de cette assiette, on a enfin la base imposable sur laquelle les calculs sont possibles. La liquidation consiste à appliquer à cette base imposable les taux fixés par la loi dans le cadre des impositions *ad valorem*. Elle consiste également à appliquer à l'unité de la base imposable, le tarif fixé par la loi fiscale, lorsqu'il s'agit d'un impôt spécifique.

Le processus de calcul de l'impôt prend en compte aussi, les abattements, les majorations, les déductions, les pénalités et les crédits d'impôts éventuellement requis en vertu des lois fiscales en vigueur.

La liquidation est faite soit par l'Administration fiscale, soit par un tiers (impôt sur les traitements et salaires) soit par le contribuable : impôt sur les sociétés.

Section 3

Le recouvrement de l'impôt

Le recouvrement est l'opération, au terme de laquelle de l'argent est transféré du patrimoine du redevable vers le Trésor public. Les procédures de cet encaissement sont aujourd'hui gouvernées par la digitalisation. Les contacts physiques entre le comptable public et le contribuable sont fortement réduits. La plateforme électronique *https://e-services.impots.bj* est utilisée par les grandes entreprises et les petites et moyennes entreprises.

Sur un plan pratique, les personnes physiques et morales ayant leur siège dans le département du Littoral, et dont le Chiffre d'Affaires est inférieur ou égal à 50 millions, paient leurs impôts en ligne. La DGI en est à une phase d'expérimentation avec ces entreprises.

Les autres entreprises réalisant le même chiffre d'affaires, mais qui sont situées hors du département du Littoral, continuent d'effectuer le paiement de leurs impôts à la caisse.

Les paiements à la caisse concernent les entreprises assujetties à la TPS (Taxe professionnelle synthétique).

Paragraphe 1

Paiement volontaire et Recouvrement forcé

Le recouvrement de l'impôt peut être volontaire, soit parce que le redevable a opéré des retenues à la source qu'il doit reverser au Trésor public (impôt sur le revenu des capitaux mobiliers et les retenues à la source en général (article 130 et suivants), soit qu'il a liquidé l'impôt lui-même et doit aller verser les acomptes ou le solde exigible au Trésor public : impôt sur les sociétés.

I. Le paiement ordonné

Le paiement ordonné est un recouvrement opéré par voie de rôle nominatif. Le rôle comporte, pour chaque contribuable, la nature de l'impôt, les bases d'imposition et le montant de l'impôt dû. Le rôle nominatif est homologué par le moyen de l'apposition de la formule exécutoire qui lui confère le titre officiel de recouvrement.

II. Le paiement spontané

En matière de paiement spontané, aucun titre préalable n'est émis par l'Administration fiscale. Les déclarations, états de liquidation ou bordereau de reversement d'impôts, forment les titres de perception.

III. Le recouvrement forcé

Le recouvrement peut devenir forcé lorsque le redevable ne s'exécute pas de son propre gré. Le comptable public doit alors mettre en œuvre les moyens de contrainte prévus par la loi et qui sont exorbitants du droit commun du recouvrement des créances.

Paragraphe 2

Régime des droits constatés. Régime des droits au comptant

Le recouvrement est l'aboutissement d'une série d'opérations que sont la détermination de l'assiette, sa valorisation, la liquidation. Le mode de combinaison entre ces différentes opérations permet de distinguer les droits constatés et les droits au comptant

I. Les droits constatés

Les opérations d'assiette et de liquidation sont confiées aux services d'assiette de l'Administration fiscale. Les opérations de recouvrement sont, quant à elles, exécutées par les services de recouvrement dirigés par des agents du Trésor publics affectés à la Direction générale des impôts ou des administrateurs du Trésor directement recrutés au profit de la Direction générale des impôts. Il existe un certain délai entre le travail des services d'assiette et leur couronnement par le paiement de l'impôt au Trésor public. Dans ce cas, on parle de régime de droits constatés.

II. Les droits au comptant ou procédures au comptant

Permettent au comptable d'encaisser les recettes directement, sans intervention préalable de l'autorité ordonnatrice. Ils s'appliquent notamment dans les situations où les contribuables doivent s'acquitter de leurs obligations fiscales dès l'exigibilité de l'impôt, sans possibilité de report ou de crédit. Par exemple, lorsqu'un particulier achète un bien immobilier, il doit payer immédiatement les droits de mutation au Trésor public. Le régime des droits au comptant est le régime normal de perception des droits d'enregistrement, des droits de douane, des droits de timbre.

Paragraphe 3

Les privilèges du Trésor

Les privilèges du Trésor sont un ensemble de mécanismes qui permettent de faire prévaloir le pouvoir fiscal dans le recouvrement d'une recette qui sert principalement à financer les dépenses des organismes publics.

I. Le privilège du préalable et le privilège de l'action d'office

Ce sont les prérogatives attachées à une décision administrative exécutoire. Les agents de poursuite prêtent serment devant la juridiction administrative (article 613, CGI). Sous l'autorité des receveurs des impôts, les agents de poursuite déclenchent les opérations de recouvrement forcés et décernent les contraintes contre les contribuables.

« Aucune autorité publique ou administrative ne peut faire suspendre ou différer le recouvrement des impôts, taxes et autres créances ou en entraver le déroulement normal sous peine d'engager sa responsabilité personnelle pécuniaire » (article 607, CGI).

Seul le tribunal de première instance peut accorder le sursis à exécution des actes de procédures pris par le receveur des impôts (article 639, CGI).

« En vertu du privilège du préalable, tous les actes pris par l'administration sont présumés légaux. L'administration n'a pas à démontrer, préalablement à l'entrée en vigueur de ses décisions, leur conformité au droit. Les actes administratifs ont donc une force exécutoire immédiate dès que les mesures de publicité nécessaires ont été effectuées. Autrement dit, les administrés doivent obéir immédiatement aux décisions administratives. Peu importe qu'elles soient légales ou non, elles ont à leur égard la même autorité.

En outre, comme expliqué ci-dessus, les recours formés à leur encontre devant le juge n'ont pas d'effet suspensif ; tant que le juge n'a pas décidé de leur illégalité, elles continuent à s'appliquer (même si elles apparaissent illégales). Les requêtes n'ont *pas d'effet suspensif* sauf s'il n'en est autrement ordonné par la juridiction.

Ainsi, le juge n'est pas saisi, comme dans les relations entre particuliers, préalablement à la production des effets de droit, mais a posteriori, lorsque les effets de droit se produisent déjà. »

II. La dette fiscale, une créance privilégiée

Dette pour le contribuable, créance pour le Trésor public, le privilège qui entoure la créance fiscale est définie d'une manière générale par la loi. C'est « *un droit que la qualité de la créance donne à un créancier d'être préféré aux autres créanciers* » (Article 2095, Code civil). Le créancier privilégié bénéficie d'un droit de préférence qui lui permet de se faire payer en priorité lorsqu'il est en concurrence avec des créanciers chirographaires et des créanciers hypothécaires. Il existe une multitude de créanciers privilégiés : créanciers des frais de justice, créanciers des frais funéraires, créanciers de frais de dernière maladie, créanciers des frais de nourrice, créanciers de salaires, etc.[63] quant à la créance fiscale, son régime est évoqué à l'article 2098 du Code civil :

> *« Le privilège, à raison des droits du Trésor public et l'ordre dans lequel il s'exerce, est réglé par les lois qui les concernent. »*

Pour le Code général des impôts :

> *« Le privilège du trésor en matière d'impôts est un privilège général sur les meubles et les immeubles. Il prend rang après le privilège des salaires visé par la législation du travail et après le privilège des frais de justice » (Article 648 CGI).*

Section 4

Le rendement de l'impôt

Il sera abordé dans cette section, les conditions et les limites au rendement de l'impôt.

---

[63] Voir V. Hounsou HOUNSA, *Suretés et privilèges du Trésor*, Porto-Novo, CNPMS, 1991, page 33 et suivantes.

Paragraphe 1

Les conditions d'un bon rendement de l'impôt

Le rendement de l'impôt est dépendant de certains facteurs. Au nombre de ceux-ci, figurent la généralité, la pluralité puis la stabilité et l'élasticité.

I. La Généralité

A travers la généralité, l'objectif poursuivi par l'impôt est d'atteindre tous les citoyens qui possèdent des facultés contributives et d'être assis sur toute la matière imposable de chacun d'entre eux.

La généralité de l'impôt consiste à se préoccuper le moins possible des dérogations, des exemptions et de toutes les exceptions qui empêchent l'impôt de frapper l'ensemble des potentiels assujettis et la totalité de la matière imposable.

II. La pluralité

Ceci signifie qu'en plus de la généralité, l'impôt doit chercher à frapper toutes les sources de revenu, toutes les manifestations de richesse. La multiplicité des impôts permet d'appréhender la totalité des contribuables et l'intégralité de la masse imposable, contrairement à l'impôt unique. La pluralité de l'impôt est le contraire de l'impôt unique.

III. La stabilité et l'élasticité

La condition de stabilité repose sur le fait que l'État a besoin d'un minimum de recettes fiscales pour fonctionner, quelle que soit la conjoncture économique. A titre d'exemple, on peut citer comme impôt insensible à la conjoncture économique, l'impôt sur le foncier bâti ou non bâti.

L'élasticité sous-tend que l'impôt doit d'être sensible à la conjoncture économique et générer plus de recettes dans un contexte de croissance économique (élasticité pour la TVA ou l'impôt sur le bénéfice).

Paragraphe 2

Les limites au rendement de l'impôt

Le rendement de l'impôt peut être freiné par une tendance volontaire du contribuable à ne pas vouloir contribuer aux charges publiques (limites psychologiques) ou encore par une permission de la loi fiscale elle-même.

I. Les limites psychologiques au bon rendement de l'impôt

L'impôt est une nécessité pour le financement de l'action publique. Mais il y a une tendance presque naturelle des contribuables à la fraude et au refus du paiement de l'impôt. En effet, au-delà d'un certain seuil, le paiement de l'impôt devient un exercice pénible pour les contribuables. Ce qui fait que des contribuables développent des stratégies de contournement du dispositif établi pour échapper à leur dette fiscale ou se livrer à l'évasion fiscale. Autrement dit, le contribuable n'est prêt à donner à l'État qu'une portion très congrue de son patrimoine. D'où l'idée selon laquelle *trop d'impôt tue l'impôt*. Les auteurs conviennent que les *grands taux tuent les totaux*.

Sur le plan de l'économétrie, cela a pris la forme de la **Courbe de LAFFER** (économiste américain) qui montre que plus le taux de l'impôt augmente, plus le rendement diminue.

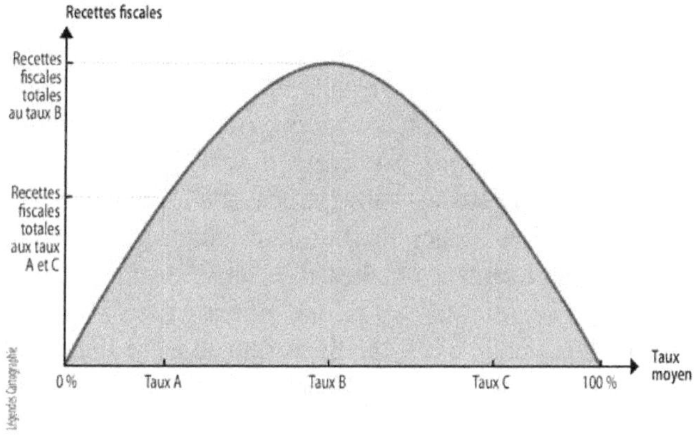

La Courbe de LAFFER

II. Les permissions de la loi fiscale

1. Les dépenses fiscales

Elles sont « *(des) transfert(s) de ressources publiques résultant d'une réduction des obligations fiscales relativement à un système fiscal de référence plutôt qu'une dépense directe.* » (Article premier de la Décision n°08/2015/CM/UEMOA instituant les modalités d'évaluation des dépenses fiscales dans les États membres de l'UEMOA). Elles se manifestent par différentes exonérations, exemptions, crédits d'impôt, accordés aux contribuables pour les amener à faire des choix correspondant aux politiques publiques adoptées par le gouvernement : inciter les citoyens à acheter des véhicules neufs plutôt que des véhicules usagers et pollueurs, amener les ménages à consommer du gaz domestique plutôt que le bois-énergie qui accélère la désertification, par exemple. Les dépenses fiscales sont donc des « cadeaux fiscaux » pour les contribuables et un manque à gagner pour le budget de l'État.

2. Les niches fiscales

Elles sont « d*es dispositions fiscales dérogatoires induisant un coût pour le budget de l'État.* » Elles se présentent comme des subventions d'un point de vue économique. Les niches fiscales sont toutes des dépenses fiscales. Cependant, les niches fiscales se distinguent des dépenses fiscales parce qu'une niche fiscale profite souvent à un public ciblé, tandis qu'une dépense fiscale est un concept plus large qui inclut toutes les mesures réduisant l'impôt par rapport au régime normal. Le gouvernement est tenté de recourir aux niches fiscales plutôt qu'aux subventions parce que le coût des niches fiscales n'est pas inscrit dans la loi de finances de l'année et que ces niches fiscales abaissent le taux de prélèvements obligatoires. Cette astuce fausse la comparabilité des indicateurs de performance budgétaire dans les huit pays membres de l'UEMOA. Ce qui a conduit la Commission de l'UEMOA à exiger que les États membres produisent un rapport d'évaluation des dépenses fiscales. Ce rapport doit être annexé aux projets de loi de finances et est établi suivant le schéma prescrit par la Décision n°08/2015/CM/UEMOA. Les niches fiscales sont les réductions d'impôts elles-mêmes, pour lesquelles on calcule la dépense fiscale.

3. L'impôt négatif

Il est une allocation et non un prélèvement. Il est un moyen de réallocation de revenus en faveur des personnes les moins nantis, les plus pauvres. Milton FRIEDMAN a employé l'expression au cours de la décennie 1960, pour désigner une aide sociale versée par l'État de façon dégressive aux personnes dont les revenus personnels sont en dessous d'un seuil. En-dessous d'un certain seuil, l'État vous donne de l'argent ; au-dessus, l'État vous en prend. C'est l'« *impôt à l'envers* », la logique de la contribution et de l'allocation. Dans le cadre des mesures d'atténuation des effets socio-économiques de la pandémie de COVID-19, le Conseil des ministres du 10 juin 2020 a décidé une allocation d'un montant global de 4,98 milliards de FCFA destinés aux artisans et ceux exerçant de petits métiers. La mesure prend en compte 55.000 personnes de certains métiers (coiffure, couture, soudure, menuiserie, petites vendeuses, etc.) qui se sont inscrites sur la plateforme digitale ouverte à cet effet, ainsi que dans les mairies et centres de promotion sociale.[64] L'impôt négatif peut prendre des formes très variées. On peut citer l'exemple des États-Unis avec l'*Earned Income Tax Credit* (EITC), du Royaume-Uni avec le *Working Family Tax Credit* (WFTC), et la *Prime pour l'emploi* (PPE) en France (2001) qui correspond à un crédit d'impôt au profit des personnes dont les revenus d'activité sont compris entre 0,3 et 1,4 SMIC à temps plein.

---

[64] https://sgg.gouv.bj/cm/2020-06-10

« Il est montré qu'il n'est pas si facile de dériver le principe de l'impôt négatif de systèmes philosophiques, dont le but avoué n'est pas de s'en faire le panégyrique. Le principe de différence de Rawls laisse la porte ouverte à l'absence d'un tel instrument dans la société juste, non seulement pour des problèmes d'incitation, mais également en raison de la priorité accordée aux biens primaires basés sur la liberté. Dans sa version la plus récente, la pensée de Rawls incline à une version de l'impôt négatif conditionnelle à une participation de l'individu au marché du travail. Quant au système d'assurance imaginé par Dworkin, il est établi, au moyen d'un exemple, qu'il est compatible avec n'importe quel degré d'inégalité dans la société courante, et qu'il peut exister des états du monde où le type de transferts mis en place au moyen du régime d'assurance renforce les inégalités au lieu de les réduire. Un rapide tour d'horizon de la littérature sur la taxation optimale permet de montrer que chacune des formules d'impôt négatif peut trouver sa justification dans un corps d'hypothèses bien spécifiques » (A. TRANNOY « Impôts négatifs et Théories de la Justice » in Arch. phil. droit n° 46-2002, p. 311)

Chapitre III

Les sources du droit fiscal

La loi fiscale, entendue *lato sensu*, est une norme produite par des organes ayant compétence dans le domaine fiscal. Ces organes sont les sources de la normativité fiscale. La perspective pédagogique les range en deux grandes catégories : les sources communautaires et les sources nationales.

Section 1

Les sources communautaires

Le Bénin appartient à deux institutions d'intégration régionale qui ont des compétences en matière fiscale : l'Union économique et monétaire ouest-africaine (UEMOA) et la Communauté économique des États de l'Afrique de l'ouest (CEDEAO). Ces deux institutions sont des sources de la normativité fiscale au moyen de trois instruments que sont : les Actes additionnels, les règlements et les directives.

Paragraphe 1

La place du droit communautaire dans la hiérarchie des normes en général

Selon la constitution en son article 149 :

« La République du Bénin, soucieuse de réaliser l'Unité Africaine, peut conclure tout accord d'intégration sous régionale ou régionale conformément à l'Article 145. »

L'Afrique unie politiquement est posée comme un idéal. Les voies pour y parvenir comportent la création d'institutions d'intégration régionale comme l'UEMOA ou la CEDEAO. Il en découle que le droit communautaire de l'UEMOA ou de la CEDEAO n'est pas assimilable au droit international et soumis aux procédures d'introduction en droit interne. Le droit communautaire crée un **ordre juridique communautaire intégré à l'ordre juridique interne** et distinct de l'ordre juridique international.

C'est du moins ce que la Cour de justice de l'UEMOA s'efforce de faire admettre lorsqu'elle rappelle que les normes communautaires ont une valeur supérieure au droit interne des États, y compris les textes et décisions constitutionnels. Et pour cause :

- l'article 6 du Traité de l'UEMOA dispose :

  « Les actes arrêtés par les organes de l'Union pour la réalisation des objectifs du présent Traité et conformément aux règles et procédures instituées par celui-ci, sont appliqués dans chaque État membre nonobstant toute législation nationale contraire, antérieure ou postérieure ».

- La Cour déduit de ces dispositions du Traité que :

  « La primauté bénéficie à toutes les normes communautaires, primaires comme dérivées, immédiatement applicables ou non, et s'exerce à l'encontre de toutes les normes nationales administratives, législatives, juridictionnelles et, même, constitutionnelles parce que l'ordre juridique communautaire l'emporte dans son intégralité sur les ordres juridiques nationaux. Les États ont le devoir de veiller à ce qu'une norme de droit national incompatible avec une norme de droit communautaire qui répond aux engagements qu'ils ont pris, ne puisse pas être valablement opposée à celle-ci. »

- La Cour de justice de l'UEMOA ajoute que :

  « La primauté demeure donc une condition sine qua non du droit communautaire, qui ne saurait exister qu'à la condition de ne pouvoir être mise en échec par le droit des États membres ; que ce principe implique, du reste, que le juge interne ne puisse opérer un contrôle, même incident, de conformité des dispositions du droit communautaire par rapport au droit national. »

  « La primauté de l'ordre juridique de l'Union dans son intégralité sur les ordres juridiques nationaux implique qu'aucune disposition juridique administrative, législative, juridictionnelle et même de niveau constitutionnel interne ne saurait être utilisée, pour mettre en échec le droit communautaire. » En conséquence, « en application des dispositions de l'article 14 du protocole additionnel n°1 susvisé qui indiquent que les interprétations faites par la Cour (de justice de l'UEMOA) s'imposent à toutes les autorités administratives et juridictionnelles, il appartient à la Cour Constitutionnelle

du Bénin de s'approprier les articulations du présent arrêt et de s'y conformer. »[65]

Paragraphe 2

Les différentes sources communautaires du droit fiscal

Il faut distinguer les sources directes et les sources jurisprudentielles.

I. Les sources directes

Il s'agit ici de l'Acte additionnel, du règlement, de la directive et de la décision.

[65] Arrêt n°005/2020 du 08 juillet 2020, Requête n°20 R002 du 22 janvier 2020, aux fins de mise en œuvre de l'article 14 du Protocole additionnel N°1 relatif aux organes de contrôle de l'UEMOA. La Commission de l'Union Économique et Monétaire Ouest-Africaine (UEMOA) Contre la décision n°19-287 du 22 août 2019 de la Cour constitutionnelle du Benin. La Cour avait déjà posé cette ligne d'interprétation dans un avis de 2003 : « *Les États ont le devoir de veiller à ce qu'une norme de droit national incompatible avec une norme de droit communautaire qui répond aux engagements qu'ils ont pris, ne puisse pas être valablement opposée à celle-ci. Cette obligation est le corollaire de la supériorité de la norme communautaire sur la norme interne. Ainsi le juge national, en présence d'une contrariété entre le droit communautaire et une règle de droit interne, devra faire prévaloir le premier sur la seconde en appliquant l'un et en écartant l'autre* » (Avis n° 01/2003 Avis de la Cour du 18 mars 2003 relatif à la création d'une Cour des Comptes au Mali).

1. L'Acte additionnel

Les actes additionnels sont des décisions prises par la Conférence des Chefs d'État. Ils servent à compléter le Traité de l'UEMOA sans toutefois le modifier. Leur respect s'impose aux organes de l'Union ainsi qu'aux autorités des États membres (Article 19, Traité modifié de l'UEMOA). Le Prélèvement communautaire de solidarité (PCS) a été créé par l'Acte additionnel n° 04/96 du 10 mai 1996, instituant un régime tarifaire préférentiel transitoire des échanges au sein de l'UEMOA et son mode de financement, notamment en ses articles 16 à 27 relatifs au Prélèvement Communautaire de Solidarité ; modifié par l'Acte additionnel n° 01/97 du 23 juin 1997 et par l'Acte additionnel n°01/2019/CCEG/UEMOA fixant le taux de prélèvement communautaire de solidarité. Le Prélèvement communautaire de solidarité est perçu au cordon douanier sur les produits non originaires. Le produit du PCS est reversé au budget des organes de l'UEMOA.

2. Le règlement

Il est pris par le Conseil des ministres de l'UEMOA et ont une portée générale. Les règlements sont obligatoires dans tous leurs éléments et sont directement applicables dans tout État membre (Article 33 du Traité révisé de l'UEMOA). Règlement n°08/CM/UEMOA portant des règles visant à éviter la double imposition au sein de l'UEMOA et des règles d'assistance en matière fiscale ; Annexe au Règlement n°08/CM/UEMOA portant des règles visant à éviter la double imposition au sein de l'UEMOA et des règles d'assistance en matière fiscale.

3. La directive

Elle est prise par le Conseil des ministres de l'UEMOA et lie tout État membre quant aux résultats à atteindre (Article 33 du Traité révisé de l'UEMOA). Directive n°02/2010/CM/UEMOA portant harmonisation de la fiscalité applicable aux valeurs mobilières dans les États membres de l'UEMOA ; Directive n°02/2011/CM /UEMOA portant harmonisation de la fiscalité applicable aux entreprises d'investissement à capital fixe au sein de l'UEMOA ; Directive n°02/2012/CM/UEMOA portant modernisation et harmonisation des systèmes d'échanges d'informations entre les administrations douanières et fiscales dans les États membres de l'UEMOA.

4. La décision

Les décisions sont prises par le Conseil des ministres ou par la Commission de l'UEMOA et sont obligatoires dans tous leurs éléments pour les destinataires qu'elles désignent (Article 33 du Traité révisé de l'UEMOA). Décision n°01/98/CM/UEMOA portant adoption du programme d'harmonisation de la fiscalité indirecte intérieure au sein de l'UEMOA ; Décision n°10/2006/CM/UEMOA portant adoption du programme de transition fiscale au sein de l'UEMOA.

II. Les sources jurisprudentielles

La Cour de justice de l'UEMOA veille au respect du droit quant à l'interprétation et à l'application du Traité de l'Union (Article 1er Protocole additionnel n°1 relatif aux Organes de contrôle de l'UEMOA). Pour ce faire, la Cour rend des arrêts et donne des avis.

1. Les arrêts

Ce sont les décisions rendues en la forme juridictionnelle par la Cour et qui ont autorité de la chose jugée. La Cour peut être saisie par un État membre, le Conseil des ministres, la Commission de l'UEMOA ou « *toute personne physique ou morale* » (Article 8, Protocole additionnel n°1 relatif aux Organes de contrôle de l'UEMOA).

2. Les avis

Ils sont donnés par la Cour à la demande de la Commission, du Conseil des Ministres, de la Conférence des Chefs d'État et de Gouvernement de l'UEMOA, ou d'un État membre, conformément aux dispositions de l'article 27 des Statuts de la Cour de justice de l'UEMOA (Avis n°001/2000 du 2 février 2000 Demande d'avis de la Commission de l'UEMOA portant sur le projet de code communautaire des investissements de l'UEMOA).

Ce qui est valable pour l'UEMOA l'est également pour la CEDEAO (voir articles 60, 88, 96 du règlement (03 Juin 2002) de la Cour de justice de la communauté-CEDEAO).

Section 2

Les sources nationales

Les sources nationales sont les sources de normativité fiscale émanant d'institutions publiques étatiques. On peut citer la constitution, les lois, les actes règlementaires.

Paragraphe 1

La constitution

En droit interne, la constitution est la première source de la règle de droit au Bénin. Elle est placée au sommet de la pyramide des règles juridiques. Sa position est confortée par la création de la Cour constitutionnelle chargée de veiller à la conformité à la constitution des règles juridiques infra-constitutionnelles, notamment les lois votées par l'Assemblée nationale et les actes règlementaires édictés par le Gouvernement.

La constitution comporte deux grandes dispositions de nature fiscale : la première dispose que « *L'Assemblée nationale vote la loi et consent l'impôt* » (Article 96). Et la seconde précise que :

> *« Sont du domaine de la loi les règles concernant (...) l'assiette, le taux et les modalités de recouvrement des impositions de toute nature » (Article 98).*

En dehors des règles de compétence (Articles 96 & 98), la constitution sert de fondement aux grands principes de valeur constitutionnelle qui s'appliquent à la matière fiscale : l'égalité, le respect des droits de la défense, etc.

La constitution est également une source légale de promotion du civisme fiscal. L'article 33 dispose que :

> *« Tous les citoyens de la république du Bénin ont le devoir (...) de* ***s'acquitter de leurs contributions fiscales****. »*

L'importance de la constitution comme source du droit fiscal est devenue évidente depuis la création de la Cour constitutionnelle comme organe juridictionnel chargé de sanctionner les violations à la loi fondamentale.

Paragraphe 2

Les lois et les conventions

On passera successivement en revue ici les conventions fiscales, les lois organiques et les lois ordinaires.

I. Les conventions fiscales

Les conventions fiscales font partie de ce que l'article 147 de la constitution appelle les « *accords et traités* ». Ceux-ci sont soumis à la ratification de l'Assemblée nationale et ont « *dès leur publication, une autorité supérieure à celle des lois, sous réserve pour chaque accord ou traité, de son application par l'autre partie.* » Dans la hiérarchie des normes juridiques, les conventions fiscales ont une valeur inférieure à la constitution mais une valeur supérieure à la loi fiscale ordinaire : loi de finances de l'année, loi portant Code général des impôts, etc.

Pour l'Organisation des Nations Unies, les conventions fiscales ont deux grandes finalités :

- d'un point de vue matériel :

« La protection des contribuables contre les doubles impositions dans le but d'améliorer le flux des investissements internationaux et des transferts de technologie. Ils visent aussi à prévenir certains types de discrimination (par exemple, entre investisseurs étrangers et contribuables locaux) et à fournir un élément raisonnable de certitude juridique et fiscale pour faire en

sorte que les opérations internationales puissent être menées en toute confiance » [66]

- d'un point de vue organique, il s'agit de :

« Améliorer la coopération entre les autorités fiscales dans l'exercice de leurs fonctions, y compris par l'échange de renseignements en vue de prévenir l'évasion fiscale et par l'apport d'une aide au recouvrement de l'impôt [67]

Par ailleurs, la globalisation de l'économie et son corollaire d'effacement des frontières, l'incidence fiscale des nouveaux instruments financiers internationaux, la question du prix de transfert, le développement des paradis fiscaux ont donné plus de pertinence à la coopération fiscale internationale, notamment au moyen des conventions fiscales entre États.

Dans cette dynamique, les Nations Unies jouent encore un rôle moteur. Le Conseil économique et social des Nations Unies, par sa résolution 1273 (XLIII) adoptée le 4 août 1967, encourage la conclusion de traités fiscaux bilatéraux entre pays développés et pays en développement. A sa suite, le Secrétaire général créa, en 1968, le Groupe spécial d'experts. Ce groupe d'experts, devenu Comité d'experts en 2005, a produit plusieurs versions de modèles de conventions fiscales entre les pays développés et les pays en développement. La dernière

---

[66] Nations Unies, Département des Affaires économiques et sociales, *Modèle de convention des Nations Unies concernant les doubles impositions entre pays développés et pays en développement*, New York, 2015, p. XIII

[67] *Ibidem*

version est le modèle de 2011.[68]

De son côté, l'Organisation de coopération et de développement économiques (OCDE, 38 pays membres) fondée en 1961, pour succéder à l'Organisation européenne de coopération économique (OECE), publie en 1963, la première version officielle de son Modèle de Convention fiscale concernant le revenu et la fortune. Ce modèle établit les principes fondamentaux qui sont encore utilisés aujourd'hui :

(i) Répartition des droits d'imposition entre l'État de résidence et l'État source ;

(ii) Définition de l'établissement stable, article 5 ;

(iii) Règles pour éviter la double imposition, article 23 ;

(iv) (Échange d'informations entre administrations fiscales (article 26).

En 1992, nous assistons à la création d'un Modèle de Convention pour les pays en développement en partenariat avec les Nations Unies. Entre 2013 et 2015, l'OCDE lance le projet BEPS (*Base Erosion and Profit Shifting*) pour lutter contre l'optimisation fiscale agressive des multinationales. Les recommandations issues du projet BEPS sont intégrées dans la version 2017 du Modèle de Convention fiscale de l'OCDE.

---

[68] Nations Unies, Département des Affaires économiques et sociales, *Modèle de convention des Nations Unies concernant les doubles impositions entre pays développés et pays en développement*, New York, 2015.

En Afrique, l'ATAF (*African Tax Administration Forum*) créée en 2009 est soucieuse de mieux préserver les intérêts des pays du sud dans la signature des conventions fiscales. En 2021, l'ATAF publie officiellement son Modèle de Convention fiscale, destiné à servir de référence pour la négociation de conventions fiscales bilatérales entre pays africains et avec des pays tiers. Contrairement au Modèle de l'OCDE, qui favorise l'État de résidence, le Modèle ATAF accorde plus de droits d'imposition aux États source, c'est-à-dire aux pays où les activités économiques ont réellement lieu (les pays africains). En effet, le modèle ATAF :

(i) renforce de la taxation à la source (imposition plus forte des dividendes, intérêts et redevances dans le pays où ils sont générés ; limitation des possibilités de transfert des bénéfices vers des juridictions à faible imposition) ;

(ii) définit plus strictement la notion d'établissement stable (extension du concept d'établissement stable pour capturer un plus grand nombre d'activités économiques génératrices de revenus en Afrique) ;

(iii) lutte contre l'érosion de la base fiscale par l'intégration des recommandations du projet BEPS (*Base Erosion and Profit Shifting*) de l'OCDE pour prévenir l'optimisation fiscale abusive des multinationales ;

(iv) favorise l´échange d'informations et la coopération fiscale (renforcement des mécanismes d'échange d'informations pour lutter contre la fraude et l'évasion fiscale).

COMPARAISON DES MODÈLES DE L'OCDE ET DE L'ATAF

Modèle de convention fiscale de l'OCDE	Modèle de convention fiscale de l'ATAF
- Fait principalement pour les pays développés qui sont généralement des pays exportateurs de capitaux. - Favorise une imposition plus importante dans le pays de résidence du contribuable (pays développés) plutôt que dans le pays source des revenus (pays du sud). - Contient des clauses de lutte contre l'évasion fiscale, y compris des dispositions sur l'échange d'informations fiscales.	- Conçu pour répondre aux besoins spécifiques des pays africains, qui sont souvent des pays importateurs de capitaux. - Met l'accent sur une imposition plus importante dans le pays source (pays africains), ce qui permet aux pays africains de mieux protéger leur base fiscale. - Contient des dispositions renforcées contre l'érosion de la base d'imposition et le transfert de bénéfices (BEPS). - Encourage des mesures spécifiques pour lutter contre les pratiques fiscales abusives des multinationales.

RÉSEAU CONVENTIONNEL DE LA RÉPUBLIQUE DU BÉNIN

N°	CONVENTIONS FISCALES	SITUATION
1	BÉNIN - FRANCE	En vigueur depuis le 8 Novembre 1977
2	BÉNIN - NORVÈGE	En vigueur depuis le 24 Juin 1982
3	OCAM	Aux termes des dispositions de l'article 44 de la convention OCAM, la convention restera en vigueur sans limitation de durée. Toutefois, à partir du 1er janvier 1977, chaque Gouvernement pourra, moyennant un préavis de six mois, notifier par voie diplomatique la dénonciation à compter du 1er janvier d'une année civile. Dans ce cas, la convention cessera de produire effet à partir du 1er janvier de l'année suivant la date de la notification. La République du Bénin n'ayant pas dénoncé cette convention, elle reste en vigueur entre le Bénin et les autres États signataires sous réserve de réciprocité. Toutefois, le droit positif béninois reste applicable, même en présence de la convention fiscale dans les cas prévus, d'une part par les paragraphes 4 et 5 de l'article 19 et d'autre part, par l'article 22 de ladite convention. Bien que la convention fiscale OCAM soit toujours en vigueur,

N°	CONVENTIONS FISCALES	SITUATION
		son application n'accorde pas une exonération automatique. Les prestataires non-domiciliés au Bénin devront apporter à l'administration fiscale la preuve de leur domicile fiscal de rattachement à un service des Impôts de leur État. Le bénéficiaire de la prestation doit communiquer au fur et à mesure de l'exécution des prestations, copie des contrats et des sommes payées.
4	UEMOA	Entrée en vigueur depuis le 1er janvier 2009
5	CEDEAO	En vigueur depuis en 2021
6	BÉNIN - MAROC	Signée, ratifiée, en vigueur depuis le 1 Janvier 2023
7	BÉNIN - ÉMIRATS ARABES UNIS	Signée le 4 mars 2013 mais pas encore ratifiée. Démarches engagées pour une renégociation.
8	BÉNIN - KOWEÏT	Signée le 16 juillet 2009 à Cotonou, mais pas ratifiée
9	BÉNIN - QATAR	Convention paraphée en 2015
10	BÉNIN - RWANDA	Signé le 15 avril 2023 et ratifiée

N°	CONVENTIONS FISCALES	SITUATION
11	BÉNIN - TURQUIE	Le 15 septembre 2020, la lettre n°4599/MAEC/SG/SGA/DE/SEES du MAEC a transmis un projet d'accord au MEF.
12	BÉNIN - ALLEMAGNE	En instance de négociation Le Ministère fédéral allemand des Finances a transmis un projet d'accord au Bénin
13	BÉNIN-ARABIE SAOUDITE	Par lettre n°3910 / MAEC / SG / SGA / DAMO / SMOCI / DMO du 11 septembre 2018, le MAEC a saisi le MEF pour le renforcement du cadre juridique de la coopération entre le Bénin et l'Arabie Saoudite pour solliciter l'élaboration d'une convention sur la non double imposition entre les deux États. Une proposition a été faite en la matière.
14	Convention Multilatérale relative à l'Assistance Administrative en Matière Fiscale (MAC)	Signée le 27 novembre 2019 entrée en vigueur le 1er mai 2023

II. La loi organique

Les lois organiques sont prévues par la constitution elle-même, dans des domaines qu'elle énonce et pour expliciter et compléter les dispositions constitutionnelles.

> *« L'Assemblée Nationale vote le projet de loi de finances dans les conditions déterminées par la loi »,*

(Article 109 de la constitution)[69], en l'occurrence la loi organique n° 2013-14 du 27 septembre 2013 relative aux lois de finances. Cette loi organique est la principale loi de référence en matière de finances publiques, qu'il s'agisse de recettes publiques ou de dépenses publiques. Elle contient quelques dispositions importantes notamment :

- la compétence de l'Assemblée nationale en matière d'« *impositions de toute nature* » (Article 5) ;
- l'autorisation préalable d'une loi de finances avant toute liquidation ou tout encaissement d'une recette publique, fiscale ou non (Article 6).

III. Les lois ordinaires et les ordonnances

Le vote de la loi est l'activité principale de l'Assemblée nationale. La constitution prévoit qu'en matière fiscale, la production de norme est le domaine réservé de l'Assemblée nationale. La détermination des règles concernant l'assiette, le taux et les modalités de recouvrement des impositions de toute nature est du domaine de la loi (Article 98 de la constitution).

---

[69] La référence à la loi organique est plus explicite dans la constitution sénégalaise de 2001. Article 68 « *L'Assemblée nationale vote les projets de lois de finances dans les conditions prévues par une loi organique.* »

Les lois fiscales se rangent en plusieurs catégories : la loi permanente, les lois annuelles, les lois sectorielles.

1. La loi permanente

C'est le Code général des impôts. Dans un esprit de codification, il regroupe par rubrique et succession de six (6) livres et de 659 articles, les impôts et taxes en vigueur au Bénin. Il a été adopté par le vote de la loi n° 2021-15 du 23 décembre 2021 portant code général des impôts de la République du Bénin. Il est le document de référence en matière de fiscalité et reste en vigueur aussi longtemps qu'il n'est pas abrogé par une nouvelle loi portant Code général des impôts. La loi portant Code général des impôts est un texte permanent. Mais la perception des impôts et taxes est autorisée chaque année par la loi de finances de l'année. Cela prend la forme d'une disposition (notamment l'article 1er des lois de finances de l'année) qui énonce selon une formulation générique que :

> *« Sous réserve des dispositions de la présente loi (de finances de l'année), continueront d'être opérées, pendant l'année (...), conformément aux dispositions législatives et réglementaires en vigueur :*
>
> *1. la perception des impôts, taxes, rémunérations des services rendus par l'État, produits et revenus affectés à l'État ;*
>
> *2. la perception des impôts, taxes, produits et revenus affectés aux collectivités locales, aux établissements publics et organismes divers dûment habilités. »*

2. Les lois annuelles

Loi de finances annuelle ou loi de finances rectificative, les lois annuelles servent d'abord à autoriser la perception des impôts et taxes d'une part, et à modifier éventuellement certaines dispositions du Code général des impôts, d'autre part. L'impôt étant aussi un instrument de politique conjoncturelle sur les plans économique, social, environnemental, etc., les lois de finances permettent d'ajuster les dispositions permanentes du Code général des impôts :

> *« Les dispositions du Code général des impôts sont modifiées et reprises telles que présentées à l'annexe n°2 de la présente loi. » Extraits de l'article 12 de la Loi n°2020-33 du 24 décembre 2020 portant loi de finances pour la gestion 2021).*

3. Les lois sectorielles

Le Code hôtelier (Article 3 de la loi n°97-014 du 6 juin 1997, portant sur la création de la taxe sur les nuitées dans les hôtels et établissements assimilés, et partiellement abrogée par la loi de finances pour 2019).

Paragraphe 3

Les actes règlementaires

Les actes règlementaires sont de la compétence des autorités administratives : le président de la République (« *Le Président de la République* (…) *exerce le pouvoir réglementaire* » article 54 de la constitution), le gouvernement, les préfets et les maires.

I. Décrets, arrêtés et circulaires

Les décrets sont délibérés en conseil des ministres et signés du Président de la République et des ministres concernés (Articles 54 et 55 de la constitution). Les arrêtés sont pris et signés sur l'initiative d'un ou de plusieurs ministres.

En matière fiscale, les décrets et arrêtés viennent en application des lois votées par l'Assemblée nationale. Ils ont une grande importance en raison de la technicité de la matière fiscale. Les lois de finances, comme la plupart des lois, procèdent par formulation générale. La fiscalité c'est avant tout des techniques et des calculs dont les modalités sont précisées dans les décrets et les arrêtés.

La question des circulaires

On distingue les circulaires explicatives et les circulaires règlementaires. Les premières ne font qu'expliquer un décret ou un arrêté sans rien y ajouter à son contenu. Les circulaires règlementaires apportent du nouveau aux règles en vigueur en ce sens qu'elles vont plus loin que les décrets ou arrêtés qu'elles sont censées expliquer. Elles font donc grief et peuvent faire l'objet d'un recours pour excès de pouvoir devant le juge.

II. Doctrine administrative ou doctrine fiscale

Dans le document *Doctrine fiscale du Bénin* publié en 2021, on lit, à propos de la doctrine fiscale, que :

> *« La Direction générale des impôts fait œuvre de pédagogie en expliquant à ses agents le sens des normes fiscales dans le dessein de les rendre plus compréhensibles et d'en assurer une application uniforme sur toute l'étendue du territoire. »*

La finalité de la publication de la doctrine fiscale est donc la pédagogie de masse. Porter l'information en direction du plus grand nombre de contribuables et autres personnes intéressées. Le texte poursuit en précisant que :

> *« Ces commentaires, modalités d'application et instructions apportent des précisions et détails qui n'ont pas leur place dans la norme législative. De même, les autorités fiscales donnent leurs avis ou apportent des réponses sur des points précis de la législation à la suite des questionnements et réclamations des contribuables en s'assurant toujours que l'interprétation donnée est conforme à l'esprit et à la lettre des textes existants. »*[70]

On comprend dès lors que la doctrine fiscale prend la forme d'un ensemble de précisions, de détails d'avis et de réponses à des questionnements divers.

En d'autres termes, la doctrine fiscale regroupe des instructions et des circulaires, des avis et des réponses aux questions, qui apportent des précisions et des détails aux lois, décrets et arrêtés en vigueur. En clair, la doctrine fiscale ne crée pas le droit, elle se limite en principe à clarifier la règle applicable et son contenu. En guise d'illustration, on peut citer la loi de finances gestion 2022 qui a exempté les véhicules neufs de droits et taxes d'entrée au Bénin. La question suivante est celle de savoir ce qu'est un véhicule neuf. La réponse est contenue dans une note de service.

---

[70] Direction générale des impôts, *Doctrine fiscale du Bénin*, Cotonou, mai 2021, p.3.

« Un véhicule à l'état neuf se définit comme tout véhicule immatriculé ou non, de douze (12) mois d'âge au plus et ayant parcouru au maximum six mille (6.000) kilomètres. Ces deux conditions sont cumulatives » Extraits de la Note de service n°0078/ DGD/DLC du 31 janvier 2022 signée du Directeur général des douanes.

Cependant, en raison de la technicité, de l'imprécision et même des contradictions dont regorgent parfois les lois fiscales, la doctrine fiscale, sous couvert d'explication et de clarification, devient la source de la norme fiscale. C'est ce qui explique la tendance à rendre la doctrine justiciable des cours et tribunaux, malgré sa nature de texte explicatif et non de règle faisant grief.

La doctrine fiscale fait l'objet d'une codification dans des recueils périodiquement mis à jour en vue d'assurer une information continue et circonstanciée des contribuables sur leurs droits et leurs devoirs fiscaux. La Direction générale publie un ouvrage intitulé *Doctrine fiscale du Bénin*, qu'elle met à jour périodiquement.

Paragraphe 4

La jurisprudence

La jurisprudence est constituée des décisions rendues par les Cours et tribunaux du Bénin et passées en force de chose jugée. Les décisions dites « *d'espèce* » apportent, aux contentieux devant le juge, des solutions centrées sur les circonstances de fait. Les décisions dites « *de principe* » apportent une solution au cas d'espèce et aux circonstances de fait ; elles soulèvent aussi et surtout une ou des questions de droit. Les décisions de principe abordent, en termes généraux, la ou les questions de droit et donnent de la solution une formulation plus générale pour orienter les décisions futures. Les Anglo-Saxons appellent ces décisions de principe la *stare decisis* (maxime *stare decisis et non quieta movere*, il faut s'en tenir à ce qui a été décidé et ne pas modifier ce qui existe), pour dire que les juges doivent se conformer à ces décisions de principe.

D'une manière générale, l'importance de la jurisprudence en droit fiscal se remarque à l'étendue des pouvoirs du juge pour interpréter les textes. En matière d'application du principe de territorialité de l'impôt, la loi dispose que le droit fiscal national s'applique si l'entreprise dispose d'un établissement stable au Bénin. Cette expression, ici et ailleurs, fait l'objet d'une interprétation qui laisse au juge une grande liberté. (Voir Mohamed Nagib DIOP, Territorialité et de l'impôt et internationalisation du droit fiscal, Thèse droit Dakar, 2025.)

I. Les décisions de la Cour constitutionnelle

La Cour constitutionnelle est un ordre juridictionnel à elle seule. Elle est l'interprète attitrée de la constitution et assure la conformité des lois et actes règlementaires à la loi fondamentale du 11 décembre 1990.

Les décisions de la Cour constitutionnelle en matière fiscale concernent[71] :

La définition et les caractères de l'impôt (Décision DCC 96-078 du 12 novembre 1996, Talon Patrice et al., Recueil 1996, p.329 ; Décision DCC 06-108 du 11 août 2006, MEDE Nicaise, Recueil 2006, p.567 ; Décision DCC 01-021 du 16 mai 2001, Association des Parents d'Élèves du CEG de Gbégamey, Recueil 2001, p.99).

---

[71] Sur l'ensemble, voir : N. MEDE, *Les grandes décisions de la cour constitutionnelle du Bénin*, Dakar, L'Harmattan, 2020, pp.171 et suiv.

Le consentement de l'impôt et l'article 102 de la constitution sur les pouvoirs de crise du président de la République (Avis CC 00-01 du 7 janvier 2000, Président de la République, Recueil 2000, p. 7).

Les limites du pouvoir fiscal du gouvernement dans la situation où celui-ci invoque l'article 110 de la constitution, relatif au défaut de vote de la loi de finances de l'année au 31 décembre de l'année (Décision DCC 00-072 du 17 novembre 2000, Houetognankou Jude, Recueil 2000, p.267).

L'égalité devant la loi fiscale : pour la Cour, « le principe de l'égalité affirmé à l'article 26 de la Constitution ne saurait s'analyser comme une interdiction absolue faite aux autorités ou organes attributaires des pouvoirs réglementaire ou législatif de prendre des mesures appropriées pour corriger des inégalités initiales en vue de garantir ou de rendre effective l'égalité de tous devant la loi » (Décision DCC 16-046 du 18 février 2016, Ragid Roméo Loko, Recueil 2016, vol.1, p.333).

La computation de l'année : l'année comporte-t-elle forcément douze mois ou peut-t-elle en compter moins ? L'adage dit : annus incoeptus habetur pro completo, ce qui signifie que l'année entamée doit être tenue pour écoulée. Une année peut donc compter un seul mois (Décision DCC 15-156 du 16 juillet 2015, Hermès A.C. GBAGUIDI, Recueil 2015, vol.3, p.1319).

Au total, la production jurisprudentielle de la Cour en matière fiscale est assez mince, au demeurant. Elle va s'amplifier au fur et à mesure des saisines de la Haute juridiction sur des questions proprement fiscales.

II. Les décisions du juge administratif

La Cour suprême est à la tête d'un ordre juridictionnel qui comprend des cours d'appel et des tribunaux compétents pour les affaires civiles, administratives, pénales, sociales, commerciales et fiscales. Les saisines du juge sur des affaires de nature fiscale sont jugées exclusivement par le **juge administratif**. Celui-ci a reçu une attribution de compétence par l'article 586 du Code général des impôts.

« La juridiction compétente pour connaitre de toutes réclamations élevées contre une décision de l'adminis-tration fiscale relative à tous les droits, impôts, prélèvements et taxes prévus au présent code est le tribunal de première instance du lieu de résidence du demandeur, statuant en matière administrative » Article 586 du Code général des impôts

Cette disposition de la loi fiscale est le parachèvement du mouvement du l'unicité juridictionnelle étamée par la loi de finances gestion 2021. Elle attribue tout le contentieux fiscal au juge administratif. L'attribution exclusive du contentieux fiscal au juge administratif est assortie d'une exception. En effet, le paragraphe 2 de l'article 261 du CGI aligne le contentieux de la taxe sur la valeur ajoutée (TVA) due au cordon douane sur celui des droits de douane. Or, l'article 405 du code des douanes dispose que les *« tribunaux de première instance statuant en matière civile connaissent des contestations concernant le paiement, la garantie ou le remboursement des créances de toute nature, recouvrées par l'administration des douanes, des oppositions à contrainte et des autres affaires de douane n'entrant pas dans la compétence des juridictions répressives »*.

Paragraphe 5

Les principes généraux du droit et les adages juridiques

Ce sont des sources indirectes du droit fiscal.

I. Les principes généraux du droit

Les principes généraux du droit sont des règles de portée générale qui doivent répondre à trois critères :

(i) ils s'appliquent même en l'absence de texte ;

(ii) ils sont dégagés par la jurisprudence ;

(iii) ils ne sont pas créés de toutes pièces par le juge mais « *découverts* » par celui-ci. On peut citer le principe de l'égalité des citoyens devant les charges publiques (Décision DCC 14- 020 du 11 février 2014, *Serge Roberto Prince Agbodjan*, Recueil 2014, vol.1, p.223) ; le principe du respect des droits de la défense (Décision DCC 18-087 du 05 avril 2018, *Bentiwa Florentine Johnson*).[72]

II. Les adages juridiques

On range dans cette catégorie, les maximes, les proverbes, les brocards, les axiomes, les aphorismes couvrant le domaine du droit. Ils sont des produits de l´expérience des peuples ou des constructions pouvant remonter aux grands jurisconsultes romains. Ils sont le fruit d'une sédimentation progressive qui comprend

[72] *Idem*, p. 103.

l'ancien droit français, le droit romain antique et le droit canonique. Les adages juridiques peuvent avoir une portée très générale (*dura lex, sed lex*, la loi est dure, mais c'est la loi ; *summum jus, summa injuria*, droit porté à l'extrême, extrême injustice). Ils peuvent aussi indiquer une solution concrète applicable aux situations fiscales : année commencée, année acquise, *annus incoeptus habetur pro completo*, ce qui signifie que l'année entamée doit être tenue pour écoulée. En guise d'exemple, la taxe foncière est établie pour l'année entière d'après les faits existants au 1er janvier de l'année d'imposition. Selon les termes de l'article 992 du Code général des impôts du Bénin, la contribution foncière des propriétés non bâties est due pour l'année entière, à raison de l'état des lieux constaté au 1er janvier de l'année.

Chapitre IV

Les grands principes du droit fiscal

Le principe en droit est une forme de normativité édictant un devoir-être susceptible de se rattacher ou non à une législation écrite. Il préserve la cohérence et l'harmonie du système juridique dont il est l'expression de valeurs idéales supérieures. Il émane, par induction, de dispositions légales fragmentaires jusqu'à se retrouver en suspension dans l'esprit du droit.

Le principe juridique est, tantôt, une création de la loi (principe d'égalité par exemple), tantôt, une construction du juge (principe de consensus national). Le principe juridique n'est donc pas un ensemble définitif, cohérent, intangible et définitif. Le jurislateur ainsi que le juge peuvent en créer de nouvelles au fur et à mesure de l'évolution de la société.

En ce qui concerne le principe fiscal, il obéit à la même dynamique ouverte à la nouveauté. Il sera présenté ici les principes qui ont un fondement textuel ou jurisprudentiel certain au Bénin.

Section 1

Le principe d'égalité

Il sera examiné dans son énoncé, sa portée et sa mise en œuvre.

Paragraphe 1

Énoncé du principe

L'article 26 de la constitution dispose que « l'*État assure à tous l'égalité devant la loi* ». La Charte Africaine des Droits de l'Homme et des Peuples,[73] en son article 3, prescrit que « *Toutes les personnes bénéficient d'une totale égalité devant la loi...Toutes les personnes ont droit à une égale protection de la loi.* »

L'égalité visée ici est une égalité générique qui n'est pas spécifique au droit fiscal mais qui inclut le droit fiscal. C'est une égalité qui est « *un principe général selon lequel la loi doit être la même pour tous dans son adoption et dans son application et ne doit contenir aucune discrimination injustifiée* » (Décision DCC 01-021 du 16 mai 2001, *Association des parents d'élèves du CEG Gbégamey*, Recueil 2001, p. 99).

---

[73] « *La charte Africaine des Droits de l'Homme et des peuples adoptée (...) et dont les dispositions font partie intégrante de la présente constitution et du Droit béninois et une valeur supérieure à la loi interne.* » Préambule de la constitution du 11 décembre 1990.

Paragraphe 2

Portée du principe

Le principe d'égalité renvoie à une distinction de fond entre l'égalité *devant* l'impôt et l'égalité *par* l'impôt, entre l'égalité abstraite découlant de la loi et l'égalité réelle qui prend en compte les revenus du contribuable. Le principe d'égalité renvoie donc à un autre principe, celui de la **capacité contributive des ménages et des entreprises**. Le monde contemporain caractérisé par les inégalités. Parce que :

> *« Le capitalisme produit mécaniquement des inégalités insoutenables, arbitraires, remettant radicalement en cause les valeurs méritocratiques sur lesquelles se fondent nos sociétés démocratiques ».*[74]

Le législateur a très souvent illustré l'égalité *par* l'impôt au moyen de système d'imposition par la proportionnelle par tranche. Les hauts revenus supportent des taux d'imposition plus élevés pour leurs tranches supérieures. A l'inverse, les bas revenus sont, soit exemptés (SMIG), soit subissent des taux d'imposition plus bas (voir *supra*, p. 102.). Ainsi, la prise en compte de la **capacité contributive des citoyens** est une manière de réaliser le principe d'égalité fiscale, entendue comme une égalité par l'impôt.

---

[74] Th. PIKETTY, *Le capital au XXIème siècle*, Paris, Editions du Seuil, 2013, p.16.

Paragraphe 3

Mise en œuvre du principe

La Cour constitutionnelle a été saisie sur le fondement du principe d'égalité pour faire apprécier si les zones rurales ne subissent pas une méconnaissance du principe d'égalité dans la jouissance du droit à déduction des charges au titre du calcul du bénéfice imposable. Les requérants soutiennent, en effet, que

> *« Selon le principe à portée constitutionnelle 'Egalite devant l'impôt' consacré par (...) la Constitution du 11 décembre 1990, la loi ne peut créer de discrimination entre les citoyens et doit s'appliquer de manière identique à tout contribuable placé dans la même situation » (Décision DCC 14- 020 du 11 février 2014, Serge Roberto PRINCE AGBODJAN, Recueil 2014, vol.1, p.223).*

Section 2

Le principe de l'annualité

Il sera examiné dans son énoncé, sa portée et sa mise en œuvre.

Paragraphe 1

Énoncé et signification du principe

L'article 9 de la Directive n°06/2009/CM/UEMOA portant lois de finances au sein de l'UEMOA dispose que *« l'autorisation de percevoir les impôts est annuelle. »* Cet énoncé est repris par la loi organique relative aux lois de finances de 2013.[75]

Le principe de l'annualité en matière fiscale rappelle un autre principe, celui de l'annualité budgétaire. Mais les deux principes n'ont pas la même signification76. L'annualité fiscale concerne uniquement la perception des impôts. Les impositions de toute nature, lorsqu'elles sont votées et promulguées, sont opposables aussi longtemps qu'elles ne sont pas abrogées par une nouvelle loi. Elles sont permanentes et obligatoires.

Par contre, la perception des recettes au titre des impôts et taxes en vigueur requiert une autorisation de la loi qui, en pratique, prend la forme d'une clause de style des lois de finances de l'année libellée ainsi qu'il suit :

> *« Sous réserve des dispositions de la présente loi, continueront d'être opérées, pendant l'année (...), conformément aux dispositions législatives et réglementaires en vigueur :*
>
> *(i) la perception des impôts, taxes, rémunérations des services rendus par l'État, produits et revenus affectés à l'État ;*
>
> *(ii) la perception des impôts, taxes, produits et revenus affectés aux collectivités locales, aux établissements publics et organismes divers dûment habilités. »*

---

[75] "L'autorisation de percevoir les impôts est **annuelle**" (article 11, loi organique n° 2013-14 du 27 septembre 2013 relative aux lois de finances).

[76] Sur l'annualité budgétaire, voir N. MEDE, *Finances publiques*, Dakar, L'Harmattan, 2016, pp. 166 et suiv.

C'est, en substance, le contenu de l'article 1er de toutes les lois de finances de l'année. Ce contenu est invariable et sert de fondement juridique au principe de l'annualité de l'impôt.

Paragraphe 2

Portée du principe

Ainsi présenté, le principe de l'annualité de l'impôt appelle quelques précisions.

Premièrement, il ne signifie pas que l'année fiscale ne peut être revisitée par l'administration fiscale après la clôture de l'exercice budgétaire. Le droit de reprise ou de répétition est une prérogative des inspecteurs des impôts pour corriger les erreurs d'évaluation de l'assiette ou de la base imposable ou encore, une mauvaise application des taux en vigueur. Ce délai de reprise expire au bout de trois ans pour les impôts directs et indirects, mais au bout de vingt ans pour les droits d'enregistrement liés à une succession (Article 572, CGI) ;

Deuxièmement, la **rétroactivité de la loi fiscale**, lorsqu'elle est décidée par le législateur lui-même, permet à l'administration fiscale de revenir sur les données de l'imposition de l'année ou des années écoulées ;

Cependant, l'annualité de l'impôt produit tous ses effets dans les situations suivantes :

- en matière de recouvrement, le comptable du Trésor qui n'engage pas de poursuites contre un contribuable retardataire pourrait être frappé par la déchéance quadriennale. Il serait déchu de toute action et deviendrait personnellement responsable envers le Trésor public ;

- le vote d'une loi d'amnistie fiscale entraine l'expiration de la compétence de l'administration fiscale dans le temps.

Section 3

Le principe de légalité

Il sera examiné dans son origine, son énoncé et sa portée

Paragraphe 1

Origine du principe

Le principe de légalité de l'impôt est un principe lié à l'enracinement démocratique dans les États. Le Bénin indépendant en a hérité et ses origines lointaines relèvent de l'histoire de la création et de l'évolution des finances publiques.

Une première apparition du principe de légalité se fait dans les circonstances et la suite de l'adoption de la *Magna Carta*, la Grande Charte de 1215, concédée par le roi Jean sans Terre d'Angleterre sous la pression des barons et de l'église. La *Magna Carta* garantit à tous les hommes libres le droit de propriété, en ses différentes composantes à savoir l'*usus*, le *fructus* et l'*abusus.* L'impôt étant une atteinte au droit de propriété, il doit être consenti par les sujets du roi sous la forme du vote de leurs représentants. Le point 12 de la *Magna Carta* affirme qu'« *aucun impôt ou aide ne sera imposé, dans Notre Royaume, sans le consentement du Conseil Commun de Notre Royaume.* »

La Charte de **Kouroukan Fouga** ne comporte pas expressément de dispositions fiscales. Le texte qui remonte aussi au XIIIème siècle (1236), mise sur l'investissement humain pour couvrir les besoins d'intérêt général de l'empire du Mandingue de Soundjiata Kéita. On y lit que « *pour gagner la bataille de la prospérité, il est institué le* **Kön gbèn Wölö** *pour lutter contre la paresse et l'oisiveté.* »

L'impôt réapparait de façon plus explicite lors des bouleversements majeurs en Amérique au cours de la deuxième moitié du XVIIIème siècle. *« No taxation without representation » (pas d'impôt sans représentation au parlement de Grande Bretagne)* fut un slogan de ralliement des sujets américains de Sa Majesté, le Roi de Grande Bretagne. La constitution issue des mouvements révolutionnaires consacre en 1787 le principe de légalité de l'impôt :

> *« Le Congrès aura le pouvoir : de lever et de percevoir des taxes, droits, impôts et excises, de payer les dettes et pourvoir à la défense commune et à la prospérité générale des États-Unis » (Section 8).*

Le texte constitutionnel ajoute à cet effet :

> *« Aucun État ne pourra, sans le consentement du Congrès, lever des impôts ou des droits sur les importations ou les exportations » (Section 10).*

C'est aussi au XVIIIème qu'est adopté, en août 1789 par l'assemblée nationale constituante française, la Déclaration des droits de l'homme et du citoyen. L'article 14 du texte proclame que :

> *« Tous les citoyens ont le droit de constater par eux-mêmes ou par leurs représentants, la nécessité de la contribution publique, de la consentir librement, d'en suivre l'emploi et d'en déterminer la quotité, l'assiette, le recouvrement et la durée. »*

Le principe de la compétence du parlement en matière de création, de modification et de suppression de l'impôt appartient aujourd'hui au patrimoine juridique commun de l'humanité. Il est présenté comme un droit de l'homme même si la Déclaration universelle des droits de l'homme de 1948, ne l'évoque que de manière très évasive.[77] La Déclaration africaine des droits de l'homme et des peuples fait plus dans la clarté. Elle dispose que :

> *« L'individu a en outre le devoir : (...) de travailler, dans la mesure de ses capacités et de ses possibilités, et de s'acquitter des contributions fixées par la loi pour la sauvegarde des intérêts fondamentaux de la société. » (Article 29, Charte Africaine des Droits de l'Homme et des Peuples, entré en vigueur 21 octobre 1986)*

Paragraphe 2

Énoncé et signification du principe

Le droit communautaire de l'Union économique et monétaire de l'Afrique de l'Ouest (UEMOA) prévoit que :

> *« Les dispositions relatives à l'assiette, au taux et aux modalités de recouvrement des impositions de toute nature, qu'elles soient perçues par l'État ou affectées à d'autres organismes publics, sont du domaine de la loi. » (Article 3, Directive n°06/2009/CM/UEMOA portant lois de finances au sein de l'UEMOA).*

---

[77] « *Toute personne a le droit de prendre part à la direction des affaires publiques de son pays, soit directement, soit par l'intermédiaire de représentants librement choisis.* » Article 21, Déclaration universelle des droits de l'homme, proclamée et adoptée par l'Assemblée générale des Nations Unies en 1948.

La constitution reprend ce principe de légalité en disposant que le parlement « *vote la loi et consent l'impôt* » (article 96). L'article 98 de la même constitution complète cette disposition en énonçant que « *sont du domaine de la loi, les règles concernant l'assiette, le taux et les modalités de recouvrement des impositions de toute nature*. »

Quant à elle, la loi organique n° 2013-14 du 27 septembre 2013 relative aux lois de finances dispose en son article 5 :

> « *Sont du domaine de la loi, les dispositions relatives à l'assiette, au taux et aux modalités de recouvrement des impositions de toutes natures, qu'elles soient perçues par l'État ou affectées à d'autres organismes publics.* »

Au total, le principe de légalité fiscale signifie que tout impôt, ou toute imposition de toute nature, doit avoir comme base juridique une loi *stricto sensu*, c'est-à-dire un texte voté en la forme législative par le parlement. En conséquence, un décret ou un arrêté ne peuvent valablement créer, modifier ou supprimer un impôt ou une imposition de toute nature.

Distinguer le consentement à l'impôt et le consentement de l'impôt selon Michel Bouvier :

« *Le consentement à l'impôt, c'est-à-dire à une acceptation de principe (de l'impôt), est de nature avant tout sociologique. (...) il relève des origines les plus lointaines de l'impôt (...). C'est en occupant une fonction structurante des rapports sociaux que la fiscalité, de gré ou de force, a pu progressivement se faire admettre.* » Il s'agit donc de l'acceptation sociologique de l'impôt par le citoyen-contribuable lui-même. Il débouche juridiquement sur le respect des obligations déclaratives par les assujettis (et la baisse corrélative de la fraude) et renvoie politiquement à l'expression du civisme fiscal.

« Le consentement de l'impôt, suppose que la levée du prélèvement soit explicitement acceptée par ceux sur qui en retombe la charge ou par leurs représentants. Il est donc avant tout de portée politique. C'est lui qui fonde la légitimité moderne de l'impôt et qui se traduit sur le plan des principes juridiques par le principe de légalité fiscale (...) dans le cadre d'une loi (...). Ce principe procède (...) d'une conception qui considère le citoyen (...) conscient que, au travers du consentement de l'impôt exprimé par ses représentants, c'est bien son propre consentement qui s'exprime. »

Paragraphe 3

Portée du principe

Le principe de légalité ainsi énoncé, il convient d'apporter les précisions suivantes :

La question des impôts locaux et de la décentralisation : les collectivités locales décentralisées n'exercent pas un pouvoir fiscal dans la mesure où elles ne peuvent créer, modifier ou supprimer un impôt. Elles disposent d'un **pouvoir fiscal dérivé** qui les autorise à fixer les taux des impôts locaux à l'intérieur d'une fourchette fixée par la loi.

« Le principe de la légalité de l'impôt signifie que le Taux des impôts et taxes locaux est déterminé dons la limite des plafonds fixés par la loi » (article 366, lot n°2021-14 du 20 décembre 2021 portant Code de l'administration territoriale en République du Bénin).

La question des ordonnances : le gouvernement peut recourir aux ordonnances soit pour appliquer son programme (article 102, constitution), soit lorsque le projet de loi de finances de l'année n'est pas voté par l'assemblée nationale au 31 décembre (article 110, constitution). Dans ces deux cas, il est prévu le recours au parlement pour la ratification de l'ordonnance prise dans le domaine fiscal. Par contre, lorsque l'ordonnance intervient à la suite de la mise en œuvre de l'article 68 de la constitution sur les circonstances exceptionnelles, aucune procédure de ratification n'est formellement prévue ;

La question des taxes parafiscales : ces taxes échappent au principe de légalité fiscale et ne sont pas comprises dans la catégorie « *des impositions de toute nature* » (article 98, constitution). La loi organique relative aux lois de finances donne compétence au gouvernement et prescrit que les taxes parafiscales « *sont établies par décret pris en Conseil des ministres sur rapport conjoint du ministre en charge des finances et du ministre concerné.* » (Article 11, loi organique n° 2013-14 du 27 septembre 2013 relative aux lois de finances).

La question de la doctrine fiscale : l'administration fiscale participe à l'interprétation et peut déterminer les modalités de mise en œuvre de la loi fiscale. Le pouvoir ainsi conféré à l'administration fiscale peut conduire à produire un droit autonome, au-delà de la stricte compétence d'interprétation.

Paragraphe 4

La mise en œuvre du principe

À plusieurs occasions, la Cour constitutionnelle a jugé contraire à la constitution des prélèvements décidés par acte règlementaire soit pour assurer la mobilisation de ressources extrabudgétaires pour la participation du Bénin à la Coupe d'Afrique des Nations de football, Tunisie 2004 (Arrêté n° 159/MJSL/MFE/MTPT/MISD/MTCPE/DC/ SGM/SA du 13/11/2003 et Décision DCC 06-108 du 11 août 2006, *MEDE Nicaise*, Recueil 2006, p.567), soit pour opérer un prélèvement d'une taxe de 25 francs CFA sur chaque abonné des réseaux GSM et de 100 francs CFA sur chaque véhicule d'occasion sorti du Port Autonome de Cotonou, à titre de participation à la quinzaine de solidarité (Instruction donnée par le Conseil des ministres et Décision DCC 12-144 du 19 juillet 2012, *Paul LANA*), soit enfin pour faire contribuer les usagers du bois à l'effort national de reboisement et dont le produit est reversé sur le compte du Fonds national de reboisement (Note de service n°069/DGFRN/DCPRN/DSI/SAFPN/SA du 12 juin 2012 et Décision DCC 13-135 du 17 septembre 2013, *Etienne HOUGNI*, Recueil 2013, vol.2, p.845).

La Cour constitutionnelle a, par contre, exclu du champ d'application de la légalité fiscale, les contributions scolaires payées par les parents d'élève en application de l'Arrêté n° 039/MEN/CAB/DC du 02 décembre 1993 « *portant création, attribution et fonctionnement des divers conseils des établissements publics et privés d'enseignement secondaire* » (Décision DCC 01-021 du 16 mai 2001, Association des Parents d'Élèves du CEG de Gbégamey, Recueil 2001, p.99). Ne sont pas non plus concernées par le principe de la légalité fiscale, les sommes payées au titre des redevances de passage aux postes de péage-pesage (Décision DCC 10-027 du 11 mars 2010, *Serge Roberto Prince Agbodjan* et Décision DCC 02-143 du 19 décembre 2002, *Houssou Désiré Christian*, Recueil 2002, p.575).

Section 4

Le principe du contradictoire et du respect des droits de la défense

Il sera examiné dans son énoncé et sa mise en œuvre.

Paragraphe 1

Énoncé et signification du principe

Le principe du contradictoire est le corollaire d'un autre principe auquel il se confond, le respect des droits de la défense. L'un et l'autre constituent une exigence essentielle d'un droit fondamental, le droit à un procès équitable, à un *due process of law* selon la terminologie anglo-saxonne. Le procès équitable est plus large, d'un point de vue conceptuel, que le simple droit de la défense. Le procès équitable comporte des aspects institutionnel (droit d'accès à un tribunal indépendant et impartial) et processuel (droit à un procès public, association effective à la procédure, égalité des armes et procédure contradictoire, etc.).

La source de ces droits processuels est d'abord la Charte africaine des droits de l'homme et des peuples en son article 7 qui dispose :

> *« Toute personne a droit à ce que sa cause soit entendue. Ce droit comprend (...) c) le droit à la défense, y compris celui de se faire assister par un défenseur de son choix. »*

La constitution, pour sa part, mentionne, en son Titre II consacré aux droits et devoirs de la personne humaine, que :

> *« Toute personne accusée d'un acte délictueux est présumée innocente jusqu'à ce que sa culpabilité ait été légalement établie au cours d'un procès public durant lequel toutes les garanties nécessaires à sa libre défense lui auront été assurées » (Article 17).*

Ces deux textes montrent que les droits de la défense et le principe du contradictoire sont, avant tout, des mécanismes de procédure contentieuse. Leur intérêt en droit fiscal est dominé par le principe du préalable et le privilège de l'exécution d'office (voir *supra* p.120.). Ceci concerne évidemment la loi fiscale mais aussi les actes administratifs d'application que sont les avis d'imposition, les avis de redressement fiscal, les avis à tiers détenteur, etc.

Cependant, le principe du contradictoire et le respect des droits de la défense retrouvent une sorte de légitimité en droit fiscal, dès lors que l'administration fiscale elle-même se met en mode de gestion par la *compliance fiscale*,[78] la confiance, la discussion, les échanges de points de vue ou d'informations.

Paragraphe 2

Mise en œuvre du principe du contradictoire et du respect des droits de la défense

Des mécanismes comme le rescrit fiscal, le recours administratif préalable, le contrôle fiscal contradictoire, etc. sont des modalités de mise en œuvre du principe du contradictoire et le respect des droits de la défense. La logique veut que l'administration fiscale engage un véritable dialogue avec le contribuable dans le but de lui faire apporter tout élément d'explication ou de preuves de nature à infirmer ses affirmations.

Le juge constitutionnel va plus loin et fait du principe du contradictoire, une exigence processuelle devant les juridictions de tous ordres, mais également un principe opposable dès lors qu'il s'agit de sanction administrative

[78] Voir *supra* p. 17.

ou arbitrale, sans qu'il soit nécessaire que le législateur le prévoie expressément. Pour la Cour constitutionnelle :

> *« Le droit à la défense, principe fondamental de l'État de droit, commande que lorsqu'une personne est soupçonnée d'un acte délictueux, celle-ci doit être mise en mesure de discuter les griefs articulés contre elle avant la prise de toute décision à son encontre. »*[79]

C'est un peu le rappel du texte de la Charte africaine des droits de l'homme et des peuples. La Cour ajoute :

> *« Selon la jurisprudence constante de la haute Juridiction, le principe du contradictoire vise le respect des droits de la défense ; qu'il s'applique à tout moment, depuis la phase préliminaire jusqu'à la prise de la décision administrative, judiciaire ou arbitrale et s'impose à l'autorité administrative sans qu'il soit besoin pour le législateur d'en rappeler l'existence. »*[80]

Section 5

Le principe de liberté

Il sera examiné dans son énoncé, sa mise en œuvre et ses limites.

---

[79] Décision DCC 18-098 du 19 avril 2018, *Serge Roberto PRINCE AGBODJAN.*

[80] *Ibidem*. Sur l'ensemble, voir N. MEDE, *Les grandes décisions de la cour constitutionnelle du Bénin, op. cit.*, p. 111.

Paragraphe 1

Énoncé et signification du principe

Le principe de liberté en matière fiscale s'apprécie à plusieurs niveaux.

I. Au niveau de la légitimité de l'impôt

L'article 96 de la constitution dispose que « *l'Assemblée nationale vote la loi et consent l'impôt.* » Le consentement donné en amont par l'Assemblée nationale (composée de représentants des citoyens-contribuables et des autres) permet d'atténuer le caractère obligatoire du prélèvement qu'est l'impôt. La logique de la liberté en matière fiscale est là : le moment de payer l'impôt est rarement un instant de grande joie pour le contribuable ; l'impôt est une amputation douloureuse du patrimoine de chacun ; mais cette amputation a été agréée par les représentants de la nation souveraine, les députés à l'Assemblée nationale.

II. Au niveau des libertés individuelles

le recouvrement de l'impôt doit prendre en compte les droits et libertés contenus dans la Partie 1 de la Charte africaine des droits de l'homme et des peuples (Article 4, l'inviolabilité de la personne humaine, respect de la vie et de l'intégrité physique et morale des citoyens ; Article 5, le respect de la dignité humaine, le refus de l'avilissement de l'homme, la torture physique et morale, les traitements cruels, inhumains et dégradants, etc. ; Article 6, la sécurité de la personne humaine) et du Titre II de la constitution (Article 8, l'inviolabilité et la nature sacrée de la personne humaine ; Article 15, le droit à la vie, à la sécurité, et à l'intégrité de la personne humaine ; Article 18, le refus de la torture, des sévices ou traitements cruels, inhumains ou dégradants ; Article 20, l'inviolabilité du domicile ; Article 25, la liberté d'aller et de venir, la liberté d'association, de cortège et de manifestation).

III. Au niveau de la liberté de commerce et d'industrie

Une liberté de créer ou de gérer une entreprise selon ses proches choix managériaux à court, moyen et long terme et dans le respect des règles de libre concurrence fixée par le Règlement N° 02/2002/CM/UEMOA du 23 mai 2002, relatif aux pratiques anticoncurrentielles à l'intérieur de l'UEMOA.

Paragraphe 2

Mise en œuvre du principe de liberté

Le système fiscal national est fondé sur la déclaration contrôlée. L'initiative appartient au contribuable qui fournit les données servant de base au calcul de l'impôt, sous réserve du contrôle ultérieur que fera l'administration fiscale. Ceci constitue une première prise en compte du principe de liberté en matière fiscale. Les autres aspects de la fiscalité, notamment les procédures de recouvrement doivent prendre en compte les exigences découlant du principe de liberté.

Paragraphe 3

Les limites du principe de liberté en matière fiscale

La liberté en matière fiscale n'est évidemment pas un principe absolu. Elle est encadrée par les exigences de légalité, de rationalité et de rendement de l'impôt.

I. La fraude fiscale

Le mot « *fraude* » est employé quatorze fois dans le Code général des impôts. Mais aucun article n'est consacré à la définition de la fraude. Cependant, l'article 524 du CGI fournit quelques clés contenues dans ce bout de phrase : « *une manœuvre quelconque ayant eu pour résultat de frauder ou de compromettre l'assiette ou le recouvrement de l'impôt.* » Sur cette base, on peut dire que la fraude fiscale comporte trois éléments : (i) une ou des manœuvres consistant en des actions ou des abstentions qui ont pour conséquence (ii) de réduire ou de faire disparaître de manière illégale l'assiette de l'impôt, de réduire ou de compromettre de façon illégale le recouvrement de l'impôt. On retrouve ainsi l'idée générale de « *soustraction illégale* »[81] qui est sous-jacente à la notion de fraude. La fraude fiscale est donc fondamentalement une violation de la loi fiscale dans le but d'éluder ou d'atténuer intentionnellement la charge fiscale.

---

[81] R. GUILLIEN et J. VINCENT, *Lexique des termes juridiques*, Paris, Dalloz, 17ème édit. 2010.

Exemple :

Certains salariés étrangers des entreprises multinationales ayant un établissement stable au Bénin pratiquent un système de double paiement de leurs salaires : une partie du salaire est payée et déclarée aux impôts au Bénin. L'autre partie leur est versée dans leur pays d'origine ou ailleurs. Cela leur permet d'échapper à une imposition de 50% sur la tranche de revenu supérieur à 250.000. Sachant que les dirigeants étrangers des entreprises étrangères installées au Bénin ont des salaires de plusieurs millions de francs CFA, ce montage fiscal tout à fait illégal leur permet d'« économiser » des revenus substantiels au détriment de l'administration fiscale béninoise.

II. L'abus de droit

L'article 562 du CGI présente l'abus de droit comme "les actes qui ont un caractère fictif ou qui recherchent le bénéfice d'une application littérale des textes ou de décisions à l'encontre des objectifs poursuivis par leurs auteurs avec le seul but d'éluder ou d'atténuer les charges fiscales que l'intéressé aurait normalement supportées, si ces actes n'avaient pas été réalisés." Les mots clés sont : (i) soit le caractère fictif, (ii) soit une application littérale de la loi fiscale, (iii) soit la contrariété entre les décisions prises et les buts poursuivis, (iv) le tout dans le but d'éluder ou d'atténuer la charge fiscale. Lorsque l'une de ces conditions est réunie, l'Administration fiscale a le pouvoir de rectifier l'impôt exigible. Le contribuable peut faire des observations sur la rectification fiscale. En cas de désaccord persistant entre l'Administration fiscale et le contribuable, ce dernier dispose du droit de saisir la Commission des impôts (Article 556, CGI).

L'abus de droit est une notion juridique qui sanctionne l'exercice d'un droit de manière déraisonnable, disproportionnée ou malveillante, en dehors de ses finalités, qui porte atteinte aux intérêts d'autrui ou à l'ordre public. Issu de la jurisprudence, l'abus de droit est constitutif d'une faute dont l'auteur devra réparer le préjudice. En guise d'exemple, on peut citer les dispositions de l'article 49-1 de l'ordonnance n°2 PR/MFAE du 10 janvier 1966 portant codification des impôts directs et indirects au Dahomey. Selon cette disposition, les indemnités de transport accordées au personnel salarié d'une entreprise sont exemptées de l'impôt sur les salaires. Sur cette base, certaines entreprises augmentaient artificiellement les montants des indemnités de transport accordées aux membres du personnel salarié (jusqu'à 50% du total du salaire mensuel). En conséquence, les salaires nets payés aux salariés étaient plus importants sans que l'employeur perde de l'argent dans ce montage fiscal. Le Trésor public, par contre, perdait des sommes correspondantes à l'impôt exigible sur le surplus d'indemnités de transport. Cette disposition de l'article 49-1 de l'ordonnance n°2 PR/MFAE du 10 janvier 1966 est aujourd'hui supprimée.

III. L'acte anormal de gestion

La liberté du commerce et de l'industrie autorise les responsables d'une entreprise à prendre, dans la plus grande autonomie, des décisions de gestion dans les domaines de la production, de la commercialisation, de la recherche développement, de la distribution des bénéfices, etc. Cette liberté étant acquise, l'Administration fiscale estime cependant que certaines décisions de gestion ne lui sont pas opposables lorsqu'elle se rend compte que lesdites décisions ne sont pas prises dans l'intérêt de l'entreprise. L'article 563 du CGI dispose ainsi que :

« L'administration fiscale peut rejeter toute dépense ou perte à la charge de l'entreprise qui ne se rattacherait pas à une gestion normale ou n'aurait pas été exposée dans l'intérêt direct de l'entreprise. Elle peut aussi réintégrer dans les bénéfices imposables toute recette qui aurait dû être réalisée dans le cadre d'une gestion normale, mais qui n'a pas été encaissée. »

La preuve du caractère anormal de l'acte de gestion incombe à l'Administration fiscale. En cas de désaccord, la Commission des impôts peut être saisie (Article 556, CGI).

Un dirigeant d'entreprise est autorisé à inscrire dans ses charges d'exploitation les frais d'entretien de sa voiture professionnelle immatriculée au nom de l'entreprise. Cependant, le fait d'inscrire comme charges déductibles des frais de réparation d'une voiture acquise en année To, pour des montants supérieurs ou équivalents au prix d'achat d'une voiture neuve pendant deux exercices comptables successifs (To+1 et To+2) est un acte anormal de gestion. Un gérant bien inspiré aurait préféré acheter une autre voiture que d'engloutir des grandes sommes dans la réparation de sa voiture.

Section 6

Le principe de territorialité

L'État se définit, de façon synthétique, comme un pouvoir politique qui s'exerce sur une population établie sur un territoire. Le territoire est ainsi l'espace géographique sur lequel les lois sont votées et appliquées. Le principe de territorialité reprend cette vérité première et générale que les compétences de l'État s'exercent sur le territoire qui est celui de cet État.

Les modalités d'application du principe de territorialité présentent des nuances selon le type d'impôt.

Paragraphe 1

Concernant les impôts sur les sociétés

L'impôt sur les sociétés est dû par les « *entreprises exploitées* » au Bénin (Article 5-1, CGI). Cette disposition s'applique à deux types d'exploitation d'entreprise : (i) il y a les sociétés et autres entités résidentes et (ii) les sociétés et autres entités non-résidentes mais qui disposent au Bénin d'un établissement stable. Selon les termes du CGI, l'établissement stable désigne une « *installation fixe d'affaires par l'intermédiaire de laquelle l'entreprise exerce tout ou partie de son activité* » (Article 6-1, CGI). L'installation fixe est précisée par la jurisprudence et la doctrine. Sera réputée installation fixe, l'entreprise qui dispose d'une installation fixe d'affaire et qui emploie des agents dépendants d'elle et non des agents indépendants.

Paragraphe 2

Concernant les droits d'enregistrement

Les biens meubles et immeubles situés au Bénin sont soumis aux droits d'enregistrement du Bénin pour l'enregistrement des actes les concernant. Il en est de même de biens installés à l'étranger, dans certaines conditions (Articles 319-320, CGI.)

Paragraphe 3

Concernant l'impôt sur les traitements et salaires

C'est un impôt qui frappe les revenus tirés du travail à raison d'une activité qui s'exerce au Bénin ou de la domiciliation au Bénin du contribuable (Article 121, du CGI).

Paragraphe 5

Concernant la taxe sur la valeur ajoutée

Le lieu d'imposition et la compétence territoriale dépendent de ce qu'on est en présence d'une livraison de biens ou d'une prestation de service.

Le principe de territorialité et la loi fiscale s'appliquent sous réserve de l'existence de conventions internationales qui y apportent des exceptions. Ces conventions fiscales sont aujourd'hui confortées par une dynamique de globalisation fiscale.

Paragraphe 5

L'UEMOA et le Règlement N° 08/2008/CM/UEMOA portant adoption des règles visant à éviter la double imposition au sein de l'UEMOA et des règles d'assistance en matière fiscale.

Le Bénin appartient à un espace d'intégration économique et financière qui est l'Union économique et monétaire ouest-africaine. Deux objectifs contenus dans le Traité modifié méritent d'être cités ici :

« Créer entre États membres un marché commun basé sur la libre circulation des personnes, des biens, des services, des capitaux et le droit d'établissement des personnes exerçant une activité indépendante ou salariée, ainsi que sur un tarif extérieur commun et une politique commerciale » d'une part et « harmoniser, dans la mesure nécessaire au bon fonctionnement du marché commun, les législations des États membres et particulièrement le régime de la fiscalité », d'autre part.

Le Règlement n°08/2008 vient en application de cette orientation générale de la politique économique et monétaire des États membres de l'UEMOA. L'objet du Règlement n°08/2005 est :

« D'établir au sein de l'Union Économique et Monétaire Ouest-Africaine (UEMOA) les règles visant à éviter la double imposition entre les États membres et à établir entre lesdits États une assistance en matière fiscale. »

Il concerne tous les impôts, que ce soit sur les revenus, l'héritage, les droits d'enregistrement et les timbres fiscaux. Il aménage et répartit le pouvoir de taxation des États membres et fixe des limites à la territorialité de l'impôt. Le Règlement pose le principe de non-discrimination. Une attestation de domiciliation fiscale sert à rattacher l'imposition des revenus au pays de résidence.

Paragraphe 6

La globalisation fiscale

La numérisation de l'économie se manifeste par l'utilisation des *data*, des technologies de l'information et de la communication par tous les secteurs de l'activité économique des pays. Ceci permet une croissance soutenue des entreprises leaders dans le secteur du numérique comme Google, Apple, Facebook, Amazon, Microsoft (GAFAM) et tous les TikTok, Instagram, Alibaba, etc. En jouant sur le *treaty-shopping*[82] ou encore le *fiscal shopping*[83], les multinationales échappent à la territorialité de l'impôt en choisissant comme domicile fiscal des États offrant les meilleurs avantages fiscaux, en d'autres termes, les paradis fiscaux ou les pays à faible taux d'imposition des revenus et des profits. Pour réduire l'évasion fiscale qui résulte de ces démarches des multinationales, la communauté internationale, sous l'égide de l'Organisation pour la Coopération et le Développement Économiques (OCDE), a signé un accord international le 15 décembre 2022 pour taxer, à hauteur de 15%, minimum les bénéfices des multinationales réalisant plus de 750 millions d'euros de chiffre d'affaires annuel. Ceci concerne moins d'une centaine d'entreprises

---

[82] « *Le* Treaty shopping *appelé aussi* chalandage de traités *désigne la pratique des investisseurs qui recherchent délibérément à bénéficier de la protection plus avantageuse d'un TBI (Traités Bilatéraux d'Investissement) signé entre un État dont ils n'ont pas la nationalité et l'État hôte dans lequel ils ont investi. Effectivement, les entreprises sont habiles à utiliser les réductions d'impôts offertes par tel pays à tel autres pour réduire leur fiscalité. Le cas le plus fréquent est la situation suivante : L'État de nationalité* ***A*** *de l'investisseur n'a pas de TBI avec l'État d'accueil* ***B*** *de son investissement. Dans ce cas, l'investisseur du pays* ***A*** *cherchera à bénéficier du TBI qui existe entre* ***B*** et ***C****, en acquérant la nationalité de l'État C par une structuration de son investissement. Ainsi, de nombreuses multinationales sont artificiellement logées à Maurice pour bénéficier des accords de ce pays avec l'Inde. A travers le BEPS (*Base Erosion and Profit Shifting*), l'OCDE cherche à lutter contre cette pratique, qui permet à une entreprise d'échapper au fisc* » (https://www.glossaire-international.com).

[83] Tendance des entreprises des États appartenant à des espaces d'intégration économique de déplacer leur siège social dans un autre État membre où elles paieront moins d'impôts indépendamment de l'endroit où elles exercent leurs activités économiques.

multinationales. Le produit de cette imposition de 15% sera reversé aux États selon une clé de répartition qui permettra aux pays en développement comme le Bénin d'en tirer une portion.

Section 7

L'incidence du droit communautaire

Le processus d'intégration régionale en Afrique de l'ouest interpelle aussi le droit fiscal des États. L'objet de l'UEMOA est notamment d'instaurer un marché commun qui permet la libre circulation des personnes, des biens, des services, des capitaux ainsi que le droit d'établissement des personnes sur le territoire de l'Union. L'harmonisation de la politique fiscale est le complément du dispositif commercial et budgétaire communautaire pour éviter des distorsions dans la structure des prix sur le marché si les fiscalités nationales ne sont pas encadrées.

Les recettes fiscales des États ont diminué par suite de la simplification et de la réduction graduelle des taxes douanières et l'introduction d'un tarif douanier intra-régional préférentiel pour les biens produits localement. La création du Tarif Extérieur Commun (TEC) de l'UEMOA (2000) puis de la CEDEAO (2015) est suivi, depuis 2021, par l'entrée en vigueur de Zone de Libre-Echange Continentale Africaine (ZLECAf) initiée par l'Union Africaine.

Par l'effet du TEC puis de la ZLECAf, les droits de douane connaissent une baisse notable dans le financement des budgets des États. Pour éviter des situations de déficit budgétaire chronique, il faut travailler à une amélioration des chiffres de la fiscalité intérieure. C'est l'objet du programme de transition fiscale de l'UEMOA.

Paragraphe 1

La transition fiscale

Dès l'année 1996 (Acte Additionnel N°04/1996 du 10 Mai 1996, instituant un régime tarifaire préférentiel transitoire des échanges au sein de l'UEMOA et son mode de financement), les droits de douane des États étaient promis à une diminution. A partir de 1998 a été initiée, au niveau régional, une politique d'harmonisation de la fiscalité indirecte intérieure des États membres[84] ainsi que des régimes de la TVA[85] et des droits d'accises au sein de l'UEMOA.[86] Le but était de donner plus de chance à l'éclosion d'activités économiques et financières compétitives au sein d'un espace régional au marché concurrentiel et disposant d'un environnement fiscal et juridique plus souple.

En 2006, le programme de la transition fiscale de l'UEMOA, a été mis en place. Ce programme vise le transfert du poids de la fiscalité de porte vers la fiscalité

---

[84] Décision n° 01/98/CM /UEMOA du 3 Juillet 1998 portant adoption du programme d'harmonisation des fiscalités indirectes intérieures au sein de l'UEMOA.

[85] Directive n°02/98/CM/UEMOA du 22 décembre 1998 portant harmonisation des législations des États membres en matière de Taxe sur la valeur Ajoutée (TVA), ensemble son modificatif Directive n°02/2009/CM/UEMOA du 27 mars 2009.

[86] Directive n°03/98/CM/UEMOA du 22 décembre 1998, portant harmonisation des législations des états membres en matière de droits d'accises, ensemble son modificatif Directive n°03/2009/CM/UEMOA du 27 mars 2009.

intérieure dans les recettes totales. A ce programme, a été adossé un mécanisme institutionnel de suivi de sa mise en œuvre à travers des comités nationaux chargés de surveiller son application dans les États membres (2009).

I. Le fondement juridique et les objectifs du programme de transition fiscale

La Décision n° 10/2006/CM/UEMOA portant adoption du programme de transition fiscale au sein de l'UEMOA définit la transition fiscale comme *« le transfert progressif de la pression fiscale, de la fiscalité de porte vers la fiscalité intérieure, tout en consolidant le marché commun dans son fonctionnement.* » L'UEMOA part d'un constat qui est celui d'une *« rationalisation et une baisse significative des taux nominaux des droits de porte.* » Le programme adopté mise sur diverses mesures normatives au niveau des États (élimination des barrières non tarifaires, suppression des exonérations, exemptions et autres aides fiscales, génératrices de distorsions de concurrence dans le marché commun, etc.), des actions fortes (amélioration du système de recouvrement et de contrôle fiscal notamment suivant les principes de gestion du risque ; élargissement de l'assiette et la baisse des taux nominaux, modernisation des formes d'organisation et méthodes de travail des administrations fiscales et douanières en vue de rendre plus efficient le recouvrement des impôts, droits et taxes, poursuite de l'informatisation des procédures douanières et fiscales, automatisation des procédures et formalités douanières) au profit des administrations fiscales des états (renforcement des capacités des administrations fiscales et douanières notamment pour lutter contre la fraude, allocation de ressources budgétaires suffisantes destinées à ces Administrations).

Le succès du programme doit permettre aux états membres d'atteindre les objectifs cibles de mobilisation des recettes nationales à hauteur de 20% des PIB, comme indiqué dans la *Décision n°10/2006/CM/UEMOA du 23 mars 2006*, portant adoption du Programme de Transition Fiscale au sein de l'UEMOA.

II. Le Programme d'appui à la transition fiscale en Afrique de l'Ouest (PATF)

Le PATF fut un programme d'assistance technique de quatre ans (2020-2024) au profit des pays membres de l'UEMOA mais aussi de la CEDEAO et de la République islamique de Mauritanie. Le pilotage du programme a été confié à l'OCDE et le Forum mondial sur la transparence et l'échange de renseignements à des fins fiscales (Forum mondial), en appui aux Commissions de la CEDEAO et de l'UEMOA.

Les actions du PATF ont concerné quatre piliers essentiels :

i. Harmoniser le cadre juridique fiscal des États membres de la CEDEAO : la globalisation des échanges mondiaux et l'augmentation en volume des transactions intragroupes dans le commerce mondial d'une part, la concurrence fiscale accrue entre les états pour attirer les investisseurs, d'autre part, font de l'harmonisation fiscale un défi majeur pour les États membres de l'UEMOA/CEDEAO. En effet, une harmonisation fiscale dans la sous-région ouest-africaine est un atout pour mieux lutter contre l'érosion de la base d'imposition, les transferts de bénéfices et les flux financiers illicites. Le PATF a fait le constat de la faiblesse des réglementations en matière de prix de transfert et l'absence de transparence fiscale en matière de bénéficiaire effectif. Le renforcement et l'harmonisation du cadre juridique dans ces deux domaines devraient permettre de mieux protéger la base d'imposition des pays et mieux lutter contre les flux financiers illicites. Dans le même sens, le renforcement de la coopération fiscale régionale, notamment à travers l'échange de renseignements en matière fiscale, offre la possibilité de mieux lutter contre l'évasion fiscale internationale et d'améliorer la collecte des recettes fiscales au sein de la sous-région.

ii. Renforcer les capacités des administrations fiscales : des administrations fiscales fortes sont essentielles pour que les pays d'Afrique de l'Ouest puissent mettre en œuvre des politiques fiscales ambitieuses au service de la mobilisation des ressources intérieures. Cela passe par la formation des fonctionnaires fiscaux des États d'Afrique de l'Ouest dans les domaines des prix de transfert et de l'échange de renseignements, avec pour objectif la création d'un réseau régional de fonctionnaires fiscaux dans la sous-région. Des fonctionnaires fiscaux mieux formés, disposant d'une expertise en matière de prix de transfert et d'échange de renseignements, seront plus à même de mieux détecter les pratiques d'évitement fiscal qui érodent l'assiette fiscale de leur État et pourront, à leur tour, former les futures générations de fonctionnaires fiscaux en Afrique de l'Ouest.

iii. Protéger la base d'imposition grâce aux conventions fiscales : l'Afrique de l'ouest n'a pas toujours les ressources humaines nécessaires pour négocier ou renégocier les conventions fiscales avec les pays développés. Cette situation explique que les conventions fiscales sont encore utilisées aujourd'hui comme moyen d'assurer l'évasion fiscale dont souffrent les pays de l'Afrique de l'ouest. L'utilisation abusive des conventions fiscales, en particulier le chalandage fiscal, est l'une des principales pratiques d'érosion de la base d'imposition et de transfert de bénéfices dans les pays en développement. Les actions de renforcement de capacité mais aussi un travail de relecture des conventions existantes sont utiles.

iv. S'engager avec un large éventail de parties prenantes dans la lutte contre les flux financiers illicites : la coordination entre les acteurs clés (services de lutte contre la fraude fiscale, unités de lutte contre la corruption et les agences de blanchiment d'argent) est l'un des principaux défis dans la lutte contre les flux financiers illicites et le blanchiment d'argent en Afrique de l'Ouest. Dans le même sens, il est important de répondre aux préoccupations de la société civile en matière de transparence fiscale, et de créer des plateformes pour intégrer ses contributions aux initiatives de transparence en cours dans la sous-région.

Paragraphe 2

L'harmonisation de la fiscalité

I. La fiscalité indirecte

La Décision n°01/98/CM/UEMOA portant adoption du programme d'harmonisation de la fiscalité indirecte intérieure au sein de l'UEMOA a été accompagnée d'une annexe portant adoption du programme d'harmonisation des fiscalités indirectes intérieures. Selon cette annexe, le but visé est (i) le renforcement de la compétitivité économique des États membres, (ii) le développement du commerce avec le reste du monde, (iii) le développement du commerce avec le reste du monde, (iv) la création d'un marché commun.

L'harmonisation de la fiscalité indirecte concerne la (i) Taxe sur la valeur ajoutée (TVA), suivie des (ii) droits d'accises, (iii) les prélèvements sur les produits pétroliers, (iv) le régime fiscal applicable à la petite entreprise, (v) des modalités d'administration des impôts indirects.

1. La taxe sur la valeur ajoutée (TVA)

La Directive n°02/998/CM/UEMOA du 22 décembre 1998, modifiée par la Directive n°02/2009/CM/UEMOA du 27 mars 2009, vise à harmoniser l'application de la TVA dans les États membres.

▶ ***Les taux***

Le taux de la TVA est compris entre **15% et 20%**. Les États membres sont libres de choisir entre ces deux taux. Le taux est de 18% au Bénin, en Côte d'Ivoire, au Sénégal, de 19% au Niger.

Les États membres ont la faculté de fixer un taux réduit, compris entre **5% et 10%** à un maximum de **dix** biens et services choisis sur une liste communautaire qui comprend : les huiles alimentaires, le sucre, le lait, les pâtes alimentaires, le mil, le sorgho, la location de machine agricole, la réparation de matériel agricole, etc.

▶ ***Seuil d'assujettissement***

Le montant du chiffre d'affaires annuel hors taxes constituant le seuil d'assujettissement est compris entre 30 et 100 millions de FCFA, s'agissant des entreprises réalisant des opérations de livraison de biens, et entre 15 et 50 millions FCFA pour les entreprises réalisant des prestations de service.

Selon la Directive n°02/2009/CM/UEMOA :

« Les montants ci-dessus indiqués sont révisés périodiquement par la Directive du Conseil des ministres, sur proposition de la Commission ».

▶ ***Exonération***

L'article 21 nouveau de la Directive n°02/998/CM/UEMOA du 22 décembre 1998, modifiée par la Directive n°02/2009/CM/UEMOA du 27 mars 2009, prévoit une exonération pour les produits et services comme : les prestations d'hospitalisation, les livraisons de médicaments, les prestations de service réalisées dans le domaine de l'enseignement, les mutations d'immeuble, les ventes de livres, la tranche sociale de consommation de l'électricité et de l'eau, etc.

Rentre également dans cette catégorie de l'exonération, une liste de produits alimentaires non transformés et de première nécessité comme le maïs, le millet, le manioc, le haricot, les oignons, les œufs en coquille, la viande à l'état frais, le poisson non transformé, le lait non transformé.

2. Les droits d'accises

La Directive 03/98/CM/UEMOA du 22 décembre 1998, modifiée par la Directive n°03/2009/CM/UEMOA du 27 mars 2009, soumet à un droit d'accises les boissons et les tabacs.

Sont également soumis à droits d'accises, les produits comme le café, le farines de blé, les armes et munitions, les véhicules de tourisme dont la puissance est supérieure ou égale à 13 chevaux, etc.

L'article 6 fixe un taux minimal et un taux maximal pour chaque produit : 0%-20% pour les boissons, 15%-40% pour les armes à feux, etc.

3. La taxation des produits pétroliers

La Directive 06/2001/CM/UEMOA du 26 novembre 2001, modifiée par la Directive n°01/2007/CM/UEMOA du 6 avril 2007 portant harmonisation de la taxation des produits pétroliers au sein de l'UEMOA.

▶ ***La taxe spécifique unique ou droits d'accises consolidés***

La Directive crée une taxe spécifique unique qui est censée regrouper « *l'ensemble des prélèvements fiscaux et parafiscaux appliqués aux produits pétroliers autres que les droits de porte et la TVA.* »

En conséquence, les impôts et taxes applicables aux produits pétroliers comprennent uniquement trois éléments : (i) les droits de porte, (ii) la taxe spécifique unique, (iii) la TVA.

Les Directives interdisent les « *subventions croisées entre les produits pétroliers appliquées en aval et en amont de la fiscalité* ». Elles interdisent les subventions directes ou indirectes et la différentiation fiscale entre l´essence et le diesel et limite à 100 FCFA l'écart de taxe entre les autres produits pétroliers.

La question de la fourchette de taux de la taxe spécifique unique est remise à plus tard.

II. La fiscalité directe

La Décision n°16/2006/CM/UEMOA du 16 décembre 2006 portant adoption du programme d'harmonisation de la fiscalité directe au sein de l'UEMOA limite « dans une première phase », le champ de l'harmonisation aux impôts sur les bénéfices industriels, commerciaux, agricoles et artisanaux, réalisés par les personnes morales (BIC) ou l'impôt sur les sociétés (IS), d'une part, l'impôt sur les revenus des capitaux mobiliers (IRCM) d'autre part.

L'harmonisation est à réaliser en deux étapes : d'abord un rapprochement des législations nationales en matière de champ d'application, de modalités de détermination des bénéfices et revenus imposables. Ensuite, la Commission de l'UEMOA proposera une fourchette de taux à appliquer par les États.

1. L'impôt sur les bénéfices des personnes morales

La Directive n° 01/2008/CM/UEMOA du 28 mars 2008 portant harmonisation des modalités de détermination du résultat imposable des personnes morales au sein de l'UEMOA, donne une énumération des contribuables concernés : les sociétés anonymes et les sociétés à responsabilité limitée, les sociétés en nom collectif, les sociétés en commandite simple, les sociétés en participation, les sociétés de fait, les groupements d'intérêt économique ; les sociétés coopératives, les groupements et leurs unions et fédérations, ainsi que les confédérations des sociétés coopératives et des groupements, quelle que soit leur activité ; les personnes morales et sociétés se livrant à des opérations d'intermédiaires pour l'achat ou la vente d'immeubles ou de fonds de commerce ou qui, habituellement, achètent en leur nom les mêmes biens en vue de les revendre, et les sociétés de crédit foncier ; les personnes morales et sociétés qui procèdent au lotissement et à la vente des terrains leur appartenant ; les personnes morales et sociétés qui donnent en location un établissement commercial ou industriel muni du mobilier et du matériel nécessaire à son exploitation, que la location comprenne ou non tout ou partie des éléments incorporels du fonds de commerce ou d'industrie ; les adjudicataires, concessionnaires et fermiers de droits communaux ; les sociétés d'assurances et de réassurances, quelle que soit leur forme ; les banques et établissements financiers ; les loueurs d'appartements meublés ; les établissements publics, les organismes de l'État ou des collectivités décentralisées qui jouissent de l'autonomie financière et qui se livrent à une activité à caractère industriel ou commercial ; toutes autres personnes morales se livrant à une exploitation ou à des opérations à caractère lucratif.

Les exonérations sont admises au titre de l'application des régimes privilégiés des codes nationaux des investissements.

La Directive procède ensuite à la technique de détermination du résultat imposable, la constitution des provisions, les chaux déductibles, les taux d'amortissement applicables, les régimes d'imposition (régime du réel normal d'imposition ou régime ou réel simplifié d'imposition), etc.

La Directive n° 08/2008/CM/UEMOA du 26 septembre 2008 portant harmonisation des taux de l'impôt assis sur les bénéfices des personnes morales dans les États membres de l'UEMOA, fixe le taux l'imposition des bénéfices industriels et commerciaux, dans les États membres, dans une fourchette de taux compris entre 25 % et 30%.

2. L'acompte sur impôt assis sur les bénéfices

La Directive n° 07/2001/CM/UEMOA portant régime harmonisé de l'acompte sur impôt assis sur les bénéfices au sein de l'UEMOA, instaure l'acompte sur l'impôt sur les sociétés. Son taux ne doit pas excéder 3 %. Toutefois, ce taux peut être porté à un maximum de 5 % en ce qui concerne les entreprises ne disposant pas d'un numéro d'identification fiscale.

3. Fiscalité applicable aux entreprises d'investissement à capital fixe

La Directive n° 02/2011/CM/UEMOA du 24 juin 2011 portant harmonisation de la fiscalité applicable aux entreprises d'investissement à capital fixe au sein de l'UEMOA, concerne, les « *entreprises qui font profession habituelle de concourir, sur ressources propres ou assimilées, au renforcement des fonds propres et assimilés d'autres entreprises* », c'est-à-dire les sociétés d'investissement à capital fixe (SICAF), dont le portefeuille se compose au minimum de 50 % d'actions de sociétés non cotées. Cette directive vise à favoriser le financement des petites et moyennes entreprises de la région. Les SICAF sont exonérées des droits d'enregistrement, de l'impôt sur les plus-values, de l'IS et de l'impôt sur les revenus des capitaux mobiliers (IRCM).

Les entreprises d'investissement à capital fixe comprennent, de manière limitative :

les établissements financiers de capital-risque ;

- les sociétés de capital-risque ;
- les établissements financiers d'investissement en fonds propres ;
- les sociétés d'investissement en fonds propres (Article 2, Directive n° 02/2011/CM/UEMOA).

4. L'impôt sur les revenus des capitaux mobiliers (IRCM)

La Directive n° 02/2010/CM/UEMOA 30 mars 2010 portant harmonisation de la fiscalité applicable aux valeurs mobilières dans les États membres de l'UEMOA, ***dispose que les*** revenus distribués par des fonds d'investissement agréés par l'Autorité des Marchés Financiers de l'Union Monétaire Ouest-Africaine (AMF-UMOA) sont exonérés de cet impôt. La directive précise aussi le mode de prélèvement de cet impôt, c'est-à-dire par retenue à la source, dans le pays où l'investissement a été réalisé.

5. Le règlement de la double imposition

Le Règlement n°08/2008/CM/UEMOA portant adoption des règles visant à éviter la double imposition au sein de l'UEMOA et des règles d'assistance en matière fiscale organise, au sein de l'Union, la question de la double imposition (voir supra p. 181 : Le Règlement directement applicable dans les États prend en compte les impôts comme : les impôts sur les revenus, l'héritage, les droits d'enregistrement et les timbres fiscaux (dont ceux collectés par le gouvernement central pour les gouvernements locaux).

Le Règlement N°08/2008 traite également des questions d'échange d'informations entre les administrations fiscales et l'assistance mutuelle dans la collecte de l'impôt entre États membres. Un article stipule le principe de non-discrimination et établit la Cour de justice de l'UEMOA pour connaitre des différends nés de l'interprétation et de l'application du texte communautaire en matière de contentieux de double imposition.

III. Les retombées

L'harmonisation de la fiscalité intérieure des États et la liberté de circulation des biens et services semblent avoir donné plus de vigueur aux échanges intra-communautaires. Selon la Commission de l'UEMOA, « *en ce qui concerne les échanges commerciaux, la synthèse fait ressortir une amélioration du taux des exportations intra-*

communautaires qui passent de 15,7% en 2021 à 18,2% en 2022. »[87] Le Protocole additionnel n°III/2001 instituant les règles d'origine des produits de l'UEMOA, daté du 19 décembre 2001, contribue à ce résultat. Il précise les expressions « *les produits entièrement obtenus* », de « *produits ayant fait l'objet d'une ouvraison ou d'une transformation suffisante* » ainsi que la « *qualité des produits originaires de l'UEMOA.* »

IV. Le suivi et les contraintes

Un Comité régional de pilotage du Programme de transition fiscale ainsi que des Comités nationaux de suivi du PTF ont été créés par la Décision n°35/2009/UEMOA portant création du dispositif institutionnel de suivi du Programme de transition au sein de l'UEMOA. Les Comité nationaux de suivi ont pour mission de superviser l'élaboration et de suivre l'application du Programme nation de transition fiscale et « *d'évaluer l'atteinte des objectifs* ».

En matière de fiscalité minière, il faut admettre un échec de la mise en conformité communautaire. L'UEMOA a d'abord adopté un premier code minier (Règlement n°18/2003/CM/UEMOA du 23 décembre 2003) puis un second qui est en vigueur : c´est le Règlement n° 02/2023 /CM/UEMOA portant code minier communautaire. L'article 150 dispose que les entreprises du secteur minier s'acquittent des droits, taxes et redevances prévus par la « règlementation minière » des États. Il s'ensuit que la réglementation nationale des États prédomine dans le secteur minier, notamment en matière fiscale. Le Code

---

[87] UEMOA, *Rapport annuel 2023 sur le fonctionnement et l'évolution de l'Union,* Décembre 2023, p.45.

communautaire se trouve en concurrence avec les codes miniers nationaux, les codes des investissements des États et les conventions minières signées entre les sociétés minières et l′ États.

Troisième partie

L'administration fiscale au Bénin

Depuis les indépendances jusqu'en 1968, l'organisation de l'Administration fiscale a été caractérisée par l'existence de deux services : le Service des Contributions Directes (S.C.D) et le Service de l'Enregistrement, des Domaines et du Timbre (S.E.D.T.). Le Service des Contributions Directes est ensuite devenu Direction des Impôts par **Décret n° 215/PR/MFAE du 26 juin 1967**. Quelques mois plus tard, le Service de l'Enregistrement, des Domaines et du Timbre a été transformé en Direction des Domaines, de l'Enregistrement et du Timbre. C'est au cours de l'année 1968 que se réalisa la fusion des deux directions pour donner la Direction Générale des Impôts (D.G.I.). En 1993, le **Décret n°93-44 du 11 mars 1993** vient ériger l'administration fiscale en Direction Générale des Impôts et des Domaines (D.G.I.D.). De profondes réformes ont été proposées et mises en œuvre dans le but de perfectionner son organisation administrative.

Aux termes de l'**Arrêté n°2061/MEF/CAB/SGM/DGI/SP/192SGG21 du 29 Juillet 2021** portant attributions, organisation et fonctionnement de la D.G.I, elle assure aujourd'hui au sein du **Ministère de l'Économie et des Finances**, l'essentiel des tâches afférentes à l'assiette, à la liquidation et au recouvrement de l'impôt.

Le décret n°2023-357 du 12 juillet 2023 portant attributions, organisation et fonctionnement du Ministère de l'Économie et des Finances dispose en son article 24 que la Direction générale des impôts est une des directions techniques du ministère. L'article 20 du décret précité précise que la DGI est une régie financière tout comme la Direction générale des douanes (DGD), la Direction générale du Trésor et de la comptabilité publique (DGTCP), et l'Agence nationale du domaine et du foncier (ANDF).

Étudier l'organisation de cette régie financière consiste à aborder d'une part ses fonctions à travers ses missions, ses compétences et ses attributions (Chapitre I) et, d'autre part, son organisation structurelle (Chapitre II).

Chapitre I

Les fonctions de la Direction Générale des Impôts (DGI)

Ce chapitre est relative aux missions (Section 1) et aux compétences et attributions (Section 2) de la D.G.I.

Section 1

Les missions de la D.G.I

Au regard de ces attributions, la D.G.I. remplit trois missions essentielles que sont : les missions financière (Paragraphe 1), politique (Paragraphe 2) et socio-économique (Paragraphe 3).

Paragraphe 1

Mission financière

La mission financière est la principale mission de la D.G.I. Elle consiste à procurer à l'État des ressources financières en vue de la couverture des dépenses publiques par le recouvrement des impôts. Dans cette conception, la couverture des dépenses publiques est l'objectif primordial.

Paragraphe 2

Mission socio-économique

La D.G.I. assure une mission économique et sociale à travers la réalisation des objectifs socio-économiques du Gouvernement. Au-delà de sa mission financière, elle participe aussi aux côtés du pouvoir central, à la définition et à la mise en œuvre d'une série de stratégies visant à assurer un équilibre macro-économique de l'État.

Paragraphe 3

Mission politique

L'implication de la D.G.I. dans la réalisation des objectifs macro-économiques participe au renforcement de la crédibilité de l'État vis-à-vis des partenaires techniques et financiers au développement ; ce qui constitue un enjeu politique majeur pour tout Gouvernement.

Section 2

Les Compétences et attributions de la D.G.I

Paragraphe 1

Compétences de la D.G.I

Aux termes des dispositions de l'article 20 du décret n° 2021-307 du 9 juin 2021 portant attributions, organisation et fonctionnement du Ministère de l'Économie et des Finances, la Direction Générale des Impôts est compétente pour ce qui concerne :

- les impôts directs et taxes assimilées ;
- les impôts indirects et taxes assimilées, à l'exception de celles exigibles à l'importation ou à l'exportation ;
- les droits d'enregistrement et de timbres ou taxes assimilées.

Paragraphe 2

Attributions de la D.G.I.

Dans le cadre de l'accomplissement de sa mission, la Direction Générale des Impôts est chargée :

- de la détermination de l'assiette, du contrôle et de la liquidation de tous les impôts, taxes, droits, amendes et pénalités fiscales de toutes natures prévus ou à prévoir par les lois et règlements au profit de l'État et des collectivités territoriales ;

- du contentieux, du recours gracieux et du dégrèvement des impôts, taxes, droits, amendes et pénalités fiscales de toutes natures prévus ou à prévoir par les lois et règlements au profit de l'État et des collectivités territoriales ;
- du recouvrement des recettes fiscales et parafiscales et de leur reversement au Trésor ;
- du contrôle fiscal ;
- de la proposition des textes à caractère législatif et réglementaire en matière d'impôts et de la rédaction des instructions de portée générale y relatives ;
- de l'identification, de la localisation et de l'immatriculation des contribuables ;
- de la gestion des exonérations fiscales ;
- de l'appréciation des clauses des contrats de marchés à elle soumis pour avis ;
- de la représentation dans les commissions de passation des marchés publics ;
- de la lutte contre la fraude et l'évasion fiscale ;
- de la fiscalisation du secteur informel ;
- d'assurer le suivi et l'encadrement des centres de gestion agréés ;
- de la gestion du Guichet Unique des États Financiers ;
- de l'élaboration conjointe avec la Direction Générale du Trésor et de la Comptabilité Publique (DGTCP) de la note d'accord relative aux recettes fiscales et parafiscales recouvrées et reversées au Trésor Public et de la situation des restes à recouvrer ;
- de l'élaboration des comptes administratifs et de gestion et de leur transmission à la Cour des Comptes.

Chapitre II

Organisation structurelle de la D.G.I.

Pilier essentiel de l'État, la DGI est un ensemble unifié d'organes spécialisés. Une bonne régulation d'un système se doit d'être effectif, efficace et efficient afin d'en assurer une évolution équilibrée et adaptée. Il convient que ce dispositif institutionnel soit composé d'organes ayant une fonction précise. Il est primordial qu'un organe de direction capable de piloter le système vers ses objectifs soit institué, de même qu'un organe de gestion pourvoyant aux besoins et à l'entretien, un organe d'information fournissant des renseignements sur le milieu interne et externe, et un organe d'intervention capable de développer les relations entre le système et son environnement.

C'est dans cette perspective que la D.G.I comprend deux (02) types d'organes spécialisés : les organes de décision et les organes d'exécution.

Section 1

Les organes de décision

Cette strate administrative fiscale est composée :

- du Directeur Général des impôts, de son adjoint et du secrétariat administratif **(Paragraphe 1)** ;
- des personnes et structures rattachées au D.G.I. **(Paragraphe 2).**

Paragraphe 1

Les principaux organes de décision de la DGI

La fonction de décision au sein de cette régie fiscale est dévolue au Directeur General des Impôts (D.G.I). Il définit les grandes orientations, coordonne, contrôle l'exécution des activités et évalue les performances. Dans ses fonctions, il est traditionnellement assisté d'un Adjoint qu'est le Directeur Général Adjoint des Impôts **(D.G.A.I)** nommé par arrêté du Ministre d'État chargé de l'Économie et des Finances qui le supplée ou le remplace en cas d'absence ou d'empêchement. Il a à sa disposition un secrétariat administratif qui s'occupe du traitement du courrier et de l'exécution de toutes autres tâches confiées par le **D.G.I.** et le **D.G.A.I.** Il est dirigé par un chef de service.

Par ailleurs, il dispose aussi d'un comité de personnes et de structures rattachées à lui.

Paragraphe 2

Les personnes et structures rattachées au DGI

I. Les personnes rattachées au DGI

Il s'agit en l'occurrence du :

1. Conseiller chargé du suivi des réformes

Dans sa mission de suivi et de coordination de toutes les réformes, il est chargé de :

- élaborer la stratégie de modernisation de l'administration fiscale à soumettre à l'approbation de la Direction Générale ;
- appuyer les groupes ou comités techniques chargés de la mise en œuvre des réformes ;
- veiller à la bonne exécution des activités et au respect du calendrier de la mise en œuvre de celles liées aux réformes ;
- suivre et d'évaluer la mise en œuvre des recommandations des missions d'assistance technique conduites par les Partenaires Techniques et Financiers ;
- procéder, en liaison avec la Direction de Planification Stratégique et des Études, à des revues ou évaluations internes ;
- préparer et mettre en œuvre les activités d'informations sur les réformes en liaison avec la Cellule de Services aux Contribuables.

2. Conseiller chargé des Restes à Recouvrer (RAR)

Il a pour attributions de :

- aider au renforcement de l'action en recouvrement ;
- analyser et formuler des propositions d'amélioration du recouvrement des arriérés d'impôts ;
- rédiger et mettre en œuvre les procédures de recouvrement des RAR ;
- aider à l'apurement des créances irrécouvrables.

3. Le conseiller en fiscalité locale

Cette autorité est chargée, dans son activité, de :

- appuyer le Directeur Général dans la mise en œuvre des réformes de la fiscalité locale ;
- suivre la gestion du coût administratif ;
- analyser les outils existants et développer des outils, mécanismes et procédures novateurs pour améliorer les relations et les prestations fournies aux collectivités locales ;
- représenter la Direction Générale auprès des structures et partenaires techniques en la matière ;
- concourir à l'amélioration des processus de travail et des outils relatifs à l'identification et à l'amélioration de l'assiette et du recouvrement des impôts locaux.

II. Les structures rattachées à la DGI

Il s'agit de :

1. La Cellule de Service aux Contribuables

Elle est responsable de l'élaboration, de la mise en œuvre des stratégies de la D.G.I. en matière de communication, de la qualité des services aux contribuables et de promotion du civisme fiscal.

Elle est, en outre, chargée :

- du pilotage de la stratégie du service à l'usager ;
- de l'élaboration et de la mise en œuvre, en collaboration avec la Direction de la Planification Stratégique et des Études **(D.P.S.E),** du plan annuel de promotion du civisme fiscal ;
- de la communication interne et externe de la D.G.I.

2. La Cellule de gestion des factures normalisées

Elle s'occupe de la mise en œuvre des factures normalisées. À ce titre, elle assure notamment :

- l'exécution de toutes les obligations à la charge de la D.G.I. telles que prévues dans le contrat de prestations avec l'opérateur technique ;
- la programmation et l'exécution des missions de contrôle de l'utilisation des factures normalisées au plan national ;
- l'étude et la validation des systèmes de facturation des entreprises ;
- la détection et la dénonciation des cas de fraudes ;
- l'administration du système ;

- l'assistance aux utilisateurs du système de facturation normalisée ;
- le suivi et la gestion des plaintes ;
- la tenue des statistiques et l'élaboration des rapports.

La Cellule de gestion des factures normalisées comprend deux (2) bureaux dont :

- Le Bureau d'Appui Technique ;
- Le Bureau de Contrôle dirigé, chacun, par un chef de service.

3. La Cellule de la Qualité et de la Gestion des risques

Cette cellule est chargée de :

- mettre en œuvre la démarche qualité au sein de la D.G.I.;
- élaborer et réviser les procédures et les méthodes de travail ;
- concevoir et mettre en œuvre les stratégies de gestion des risques ;
- définir et piloter la stratégie de gestion des risques ;
- élaborer un dispositif de prévention des risques encourus par la D.G.I. sur l'ensemble de ses activités et de lutter contre les fraudes et les pertes de revenus ;
- réaliser et mettre à jour la cartographie des risques de la D.G.I. et les contrôles associés ;
- élaborer et suivre la mise en œuvre d'un plan de prévention des risques ;

- piloter et animer le déploiement de la démarche compliance à tous les niveaux de la D.G.I. ;
- procéder à l'évaluation des dispositifs.

Section 2

Les organes d'exécution

Il s'agit des directions opérationnelles à compétence nationale et des directions opérationnelles à compétence territoriale.

L'exécution de la décision, le retour des informations vers les organes de décision de même que les coordinations horizontales et verticales, s'effectuent par le biais des services extérieurs plus ou moins déconcentrés qui comprennent des directions aux compétences nationales et départementales.

Paragraphe 1

Les directions opérationnelles nationales

Les directions opérationnelles nationales ont pour missions l'animation, la coordination et le contrôle des activités des services fiscaux dont la compétence couvre l'ensemble du territoire national. Elles se composent de :

I. L'Inspection Générale des Services (IGS)

1. Attributions

Cette direction se voit assigner des missions qui consistent à prévenir les malversations et à lutter contre les fraudes et évasions fiscales. C'est ainsi qu'elle effectue deux types de missions :

- les missions d'audit qui sont des missions d'assurance ou de conseil ;
- les missions de vérification ou d'inspection qui consistent en un contrôle exhaustif et approfondi. Elles sont inopinées et peuvent faire l'objet de programmation approuvée par le Ministre chargé des Finances.

2. Organisation

L'Inspection Générale des Services est sous la direction de l'Inspecteur Général des Services qui a rang de directeur. C'est la troisième personnalité de la D.G.I après le Directeur général et son adjoint. Il est assisté, dans le cadre de ses fonctions, des Inspecteurs des Services **(I.S)** qui ont tous rang de chef de service. Cette direction dispose d'un secrétariat et de deux services :

- le Service de l'Audit interne ;
- le Service de l'Inspection.

II. La Direction de l'Informatique (DI)

1. Attributions

Toutes les questions relatives à l'informatisation des services fiscaux ainsi qu'à la politique de contrôle fiscal sont traitées par cette direction. La Direction de l'Informatique (DI) a ainsi pour rôles, la coordination, l'assistance et l'animation des services informatiques. Elle est aussi chargée du traitement, du stockage et de la diffusion des informations sous forme de données au sein de la D.G.I. À ce titre, elle est chargée :

- de mettre en œuvre la politique informatique du ministère à la DGI ;
- de la conception et la mise en œuvre des outils informatiques indispensables au bon fonctionnement des structures ;
- d'assurer la sécurité et la disponibilité des bases de données et infrastructures réseaux ;
- d'assurer, au niveau central et déconcentré, l'assistance à tous les utilisateurs des différents systèmes d'information.

2. Organisation

Responsable de l'informatisation de la D.G.I, cette direction en pleine évolution est subdivisée, hormis son secrétariat, en quatre (4) services :

- le Service Génie Logiciel ;
- le Service Administration des Bases de Données ;
- le Service Systèmes et Réseaux ;
- le Service Exploitation.

III. La Direction de la Législation et du Contentieux (DLC)

1. Attributions

La Direction de la Législation et du Contentieux (DLC) est chargée :

- de l'élaboration des avant-projets des textes fiscaux ;
- de l'élaboration des textes d'application en toutes matières fiscales ;

- de la préparation des campagnes d'information à l'intention des contribuables en liaison avec la Cellule de Services aux Contribuables ;
- du suivi et l'encadrement des Centres de Gestion Agréés (CGA) ;
- du traitement de tous les dossiers de réclamation contentieuse et de recours gracieux ;
- de la tenue du secrétariat de la Commission des Impôts;
- du suivi des questions relatives à la conclusion et à l'application des conventions et accords fiscaux ;
- du suivi des relations avec les administrations fiscales étrangères et les organisations internationales ;
- de la gestion de l'Unité d'Échange de Renseignements (UER) ;
- de la gestion et le suivi des exonérations des marchés publics à financement extérieur et des autres régimes d'exception en liaison avec la Direction Générale des Douanes et Droits Indirects ;
- de l'appréciation des clauses des contrats de marchés soumis à l'avis de la DGI ;
- de la représentation de la DGI dans les commissions de passation des marchés publics.

2. Organisation

La Direction de la Législation et du Contentieux (DLC) dispose d'un secrétariat et de trois (03) services :

- le Service de la Législation et de la Coopération Internationale (SLCI) ;
- le Service du Contentieux (SC) ;
- la Mission Fiscale des Régimes d'Exception (MFRE).

IV. La Direction de la Planification Stratégique et des Études (DPSE)

1. Attributions

La Direction de la Planification Stratégique et des Études (DPSE) assure :

- la mise en place des outils de planification, de programmation, de budgétisation et de suivi des activités de la DGI ;
- la centralisation des rapports de gestion des services opérationnels ;
- l'élaboration des rapports mensuels, trimestriels et annuels d'activité de la D.G.I ;
- la réalisation des études à caractère économique et fiscal;
- l'élaboration, le suivi et l'évaluation des plans stratégique et opérationnel et autres outils de gouvernance de la DGI ;
- la mobilisation des financements en liaison avec les services financiers et les Partenaires Techniques et Financiers (PTF), pour la mise en œuvre des programmes et projets ;
- l'analyse et les simulations des mesures d'administration et de politique fiscales ;
- l'élaboration des prévisions de recettes fiscales par nature d'impôts ;
- l'étude, l'analyse et la modélisation des projets de réformes ;

- l'analyse et l'évaluation des dépenses fiscales en collaboration avec la Direction de la Législation et du Contentieux ;
- l'élaboration, la diffusion et l'analyse des statistiques fiscales.

2. Organisation

La Direction de la Planification Stratégique et des Études comprend, outre le secrétariat, deux (2) services :

- le Service de la Planification ;
- l'Unité de Politique Fiscale.

V. La Recette Nationale des Impôts (RNI)

1. Attributions

Dans sa qualité de direction opérationnelle à caractère nationale, la R.N.I est chargée de :

- coordonner les programmes d'action en recouvrement et d'en assurer le suivi de l'exécution ;
- centraliser et de suivre l'apurement des restes à recouvrer ;
- mettre en œuvre la procédure d'admission en non-valeur des cotes irrécouvrables ;
- diffuser les instructions comptables ;
- animer et de contrôler le réseau comptable de la DGI;
- apurer la comptabilité des postes comptables ;
- gérer l'ensemble des imprimés-valeurs (carnets de quittances à souches, imprimés techniques, livres

comptables, timbres fiscaux, attestations fiscales sécurisées, etc.) ;

- élaborer les bordereaux de développement des recettes et le plan de trésorerie des recettes en liaison avec la DPSE ;
- centraliser les opérations comptables, les statistiques de recouvrements et des dégrèvements des différents impôts et taxes ;
- établir les rapprochements ou lettrages entre les relevés d'opérations de paiements électroniques et les confirmations de paiement reçues ;
- suivre les recouvrements effectués pour le compte de la Direction Générale des Impôts par les autres régies financières ;
- élaborer, en liaison avec les Receveurs compétents, les documents comptables en vue de leur mise en état d'examen par la Cour des Comptes.

2. Organisation

La Recette Nationale des Impôts comprend, outre le secrétariat, deux (02) services :

- le Service de la Centralisation et du Suivi du Recouvrement ;
- le Service du Contrôle et de la Réglementation Comptable.

VI. La Direction de la Gestion des Ressources (DGR)

1. Attributions

La Direction de la Gestion des Ressources (DGR) est chargée de la gestion des ressources humaines, du matériel, des finances, de la logistique et des archives.

2. Organisation

La D.G.R. comprend, outre le secrétariat, trois (3) services :

- le Service des Ressources Humaines (SRH) ;
- le Service du Matériel et des Affaires Financières (SMAF) ;
- le Services des Archives et des Savoirs (SAS).

VII. Le Centre de la Formation Professionnelle

1. Attributions

Le Centre de la Formation Professionnelle s'occupe :

- de l'élaboration, en relation avec les écoles de formation, des programmes d'enseignements ;
- de la formation initiale des agents recrutés par le Ministère en charge de la fonction publique et affectés à la DGI ;
- du recensement et de l'analyse des besoins de formation qualifiante du personnel de la DGI en liaison avec la Direction de l'Administration et des Finances ;

- de l'élaboration des programmes de formation continue du personnel de la DGI ;
- de la collecte et de la centralisation de la documentation relative aux enseignements dispensés dans le centre.

VIII. La Direction du Contrôle Fiscal et du Renseignement

1. Attributions

Autrefois appelée Direction Nationale de Vérifications et d'Enquêtes Fiscales (D.N.V.E.F.), la Direction du Contrôle Fiscal et du Renseignement est chargée de la mise en œuvre des stratégies de contrôle fiscal et de lutte contre la fraude fiscale. Elle est notamment chargée de la collecte, la centralisation et la mise à la disposition des services opérationnels des informations, des analyses et des rapports à des fins de recoupements. Elle a pour missions :

- la recherche des renseignements nécessaires à l'assiette, au contrôle et au recouvrement des impôts ;
- la gestion de l'immatriculation et du fichier national des contribuables ;
- la gestion du guichet unique des états financiers ;
- la recherche et la constatation des infractions à la législation et aux réglementations fiscale et économique ;
- l'exécution de missions d'enquêtes et d'investigations en collaboration des autres administrations ou des autorités judiciaires ;
- la mutualisation des expériences de contrôles fiscaux;
- l'élaboration des programmes de vérification fiscale ;

- l'exécution de tâches de toute nature ou de missions particulières qui lui sont confiées.

2. Organisation

Elle comprend, outre le secrétariat, deux services :

- **La Brigade des Enquêtes, du Renseignement et de l'analyse-risque (B.E.R.A.R)**

Elle n'est rien d'autre qu'une restructuration de la Brigade d'Enquêtes Fiscales **(B.E.F)** et s'occupe :

- de la recherche et du traitement des renseignements de recoupement auprès des opérateurs économiques et des administrations ;
- du suivi des entreprises qui se déclarent sans activités. C'est une problématique touchant la violation délibérée ou parfois flagrante de la loi fiscale. Cela s'illustre par le développement de la technologie numérique ;
- de la recherche des contribuables qui se maintiennent à tort sous un autre régime que les leurs ;
- de deux (02) Brigades de Vérification et d'Intervention Rapide, (B.V.I.R).

- **La Brigade de Vérification et d'Intervention Rapide (BVIR)**

Elle s'occupe de plusieurs aspects. Primo, elle est chargée de la vérification générale de comptabilité des entreprises et de l'examen de la situation personnelle des contribuables dont les dossiers sont gérés par les Centres des Impôts des Moyennes Entreprises (CIME) ne disposant pas d'une brigade de vérification. Secundo, elle s'occupe des interventions rapides relatives à la mise en œuvre diligente des procédures de contrôle que requièrent les résultats de certaines enquêtes conduites par la B.E.R.A.R. Tertio, elle assure toute autre mission de contrôle ou d'investigations spécifiques à lui confiée par la direction générale.

Chaque service ou brigade est placé sous l'autorité d'un chef de service. Selon les besoins, le Directeur général peut créer des brigades supplémentaires.

IX. La Direction des Grandes Entreprises (DGE)

1. Attributions

La D.G.E est compétente en ce qui concerne la gestion, la liquidation, le contrôle, le recouvrement et l'instruction des dégrèvements d'office des impôts et taxes des entreprises relevant de son répertoire suivant la segmentation mise en place.

2. Organisation

La Direction des Grandes Entreprises est sous le commandement du Directeur des Grandes Entreprises. Ce dernier est un administrateur des Impôts ayant au moins cinq ans (05) ans d'ancienneté et nommé par arrêté ministériel sous proposition du (D.GI.). Il est chargé d'assurer la coordination et l'animation des services qui sont sous son autorité. De même, il veille à l'accomplissement des objectifs assignés à la D. G.E. Il peut être assisté, en cas de besoin, par un adjoint.

La Direction des Grandes Entreprises comprend :

- un Secrétariat ;
- deux (02) Services de Gestion (SG) ;
- deux (02) Services de contrôle Fiscal (SCF) ;

- une (01) Recette des Impôts (RI).

Le Directeur général peut créer, selon les besoins, des services de gestion et de contrôle.

Paragraphe 2

Les directions opérationnelles territoriales

Elles sont au nombre de six (06) installées par binôme départemental dont :

- la Direction Départementale des Impôts de l'Atacora et de la Donga ;
- la Direction Départementale des Impôts de l'Atlantique et du Littoral ;
- la Direction Départementale des Impôts du Borgou et de l'Alibori ;
- la Direction Départementale des Impôts du Mono et du Couffo ;
- la Direction Départementale des Impôts de l'Ouémé et du Plateau ;
- la Direction Départementale des Impôts du Zou et des Collines.

1. Attributions

Les directions opérationnelles à compétence territoriale sont chargées de :

- l'animation, de la coordination et du contrôle des activités des services fiscaux implantés au niveau des communes et ;

- la représentation de la DGI dans les diverses instances administratives départementales.

2. Organisation

Chaque Direction Départementale des Impôts (DDI) comprend :

- un secrétariat ;
- des Centres des Impôts des Moyennes Entreprises (CIME) ;
- des Centres des Impôts des Petites Entreprises (CIPE) ;
- un Centre de l'Enregistrement et du Timbre (CET).

Les CIME sont compétents pour les contribuables du régime du réel dont le chiffre d'affaires annuel est supérieur à cinquante millions (50.000.000) et inférieur ou égal à un milliard (1.000.000.000), et les CIPE pour les contribuables assujettis à la TPS dont le seuil du chiffre d'affaires est inférieur à cinquante millions (50.000.000).

Les CIME et les CIPE comprennent :

- un Secrétariat ;
- deux (02) Services de Gestion (SG) ;
- deux (02) Services de Contrôle Fiscal (SCF) ;
- une (01) Recette des Impôts (RI).

Le CET comprend un service de gestion et une recette. Le Directeur général peut créer, selon les besoins, des services de gestion et de contrôle.

ORGANIGRAMME DE LA DIRECTION GÉNÉRALE DES IMPÔTS

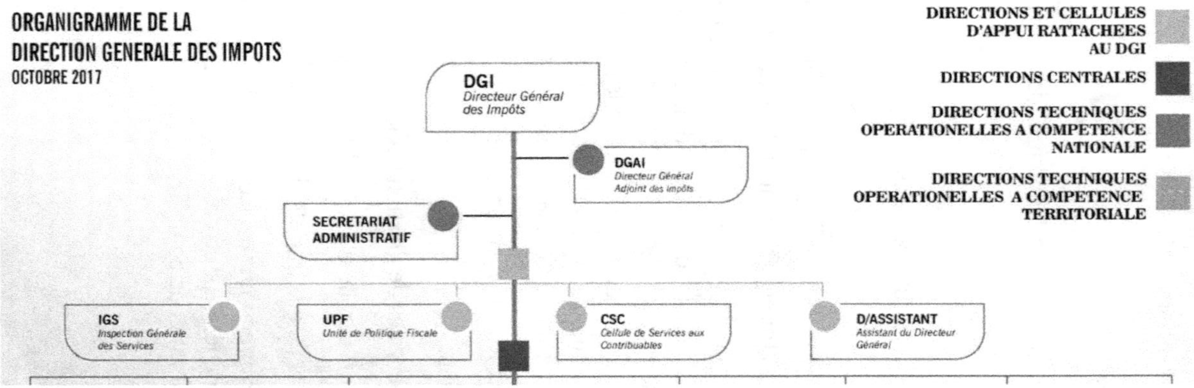

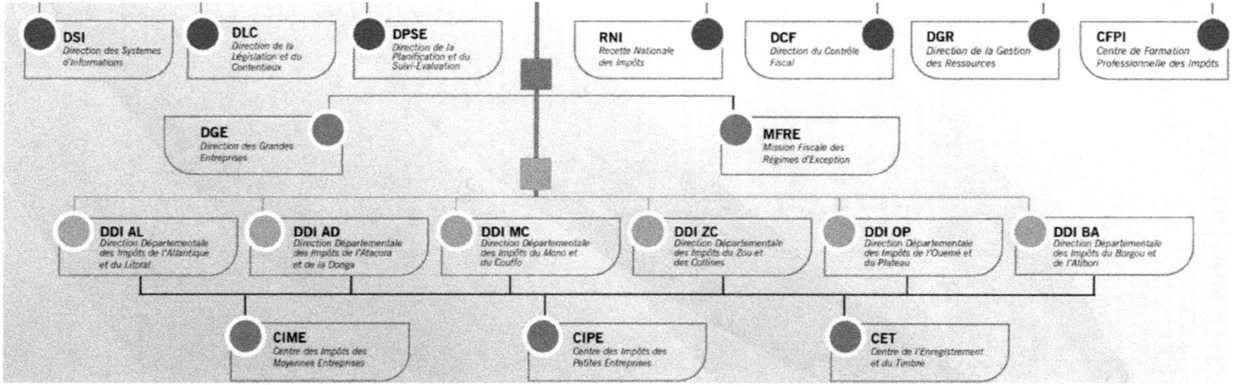
DSI
Direction des Systèmes d'Informations
DLC
Direction de la Législation et du Contentieux
DPSE
Direction de la Planification et du Suivi-Évaluation
RNI
Recette Nationale des Impôts
DCF
Direction du Contrôle Fiscal
DGR
Direction de la Gestion des Ressources
CFPI
Centre de Formation Professionnelle des Impôts
DGE
Direction des Grandes Entreprises
MFRE
Mission Fiscale des Régimes d'Exception
DDI AL
Direction Départementale des Impôts de l'Atlantique et du Litoral
DDI AD
Direction Départementale des Impôts de l'Atacora et de la Donga
DDI MC
Direction Départementale des Impôts du Mono et du Couffo
DDI ZC
Direction Départementale des Impôts du Zou et des Collines
DDI OP
Direction Départementale des Impôts de l'Ouemé et du Plateau
DDI BA
Direction Départementale des Impôts du Borgou et de l'Alibori
CIME
Centre des Impôts des Moyennes Entreprises
CIPE
Centre des Impôts des Petites Entreprises
CET
Centre de l'Enregistrement et du Timbre

Table des matières